TM
ISO 9001:2008
किताबघर प्रकाशन
नयी दिल्ली

ऐ गंगा
तुम बहती हो क्यूँ
(कहानी संग्रह)

ऐ गंगा
तुम बहती हो क्यूँ

विवेक मिश्र

प्रकाशक

किताबघर प्रकाशन

4855-56/24, अंसारी रोड, दरियागंज, नयी दिल्ली-110002

फोन : 011-23266207, 30180011 फैक्स : 011-23271844

E-mail : kitabghar_prk@yahoo.com • kitabgharprakashan@gmail.com
website : www.kitabgharprakashan.com

प्रथम संस्करण : 2015

आवरण कलाकृति : नरेन्द्र नागदेव

मूल्य : एक सौ अस्सी रुपये

मुद्रक : कुमार ऑफसेट प्रिंटर्स
381, पटपड़गंज इंडस्ट्रियल एरिया, दिल्ली-92

AI GANGA TUM BAHATI HO KYOON (Stories in Hindi)
by Vivek Mishra
Price : Rs. 180.00

ISBN—978-93-85054-22-8

स्व. डॉ. एच. बी. माहेश्वरी को सादर समर्पित
जिनके अथक परिश्रम से किए गए वैज्ञानिक शोधों और दुर्लभ अनुवादों का, उनके रहते, पुस्तक रूप में प्रकाशित न हो पाना, मुझे और विपुला को मेरी हर प्रकाशित पुस्तक के साथ हमेशा याद आता है...

क्रम

घड़ा

विशाल उठकर बिस्तर पर बैठ गए। उनके माथे पर पसीने की बूँदें चमक रही थीं। वह तेजी से बेडरूम से निकलकर ड्राइंगरूम में आ गए। शीतल फोन पर बात करने में व्यस्त थी। विशाल ने कमरे के कोने में रखे घड़े को उठाया और ड्राइंगरूम से निकलकर लॉन में आ गए। शीतल भी विशाल के पीछे-पीछे बाहर आ गईं। वह उनसे कुछ कह पातीं कि तब तक विशाल ने उस बड़े राजस्थानी घड़े को, जिस पर कच्चे पर चटक रंगों से फूल-पत्तियाँ और बेल-बूटे बने थे, जोर से जमीन पर दे मारा।

विशाल हाँफ रहे थे और शीतल उनकी बाँह पकड़े हतप्रभ खड़ी थी। घड़े के छोटे-छोटे टुकड़े लॉन में बिखर गए थे।

आज जब विशाल घर लौटे थे तब वह बहुत खुश थे और शीतल का हाल जानने के लिए उत्सुक लग रहे थे। उन्होंने घर आते ही पूछा था, ‘‘क्या कहा डॉक्टर ने?...कैसा है बेबी?...सब नॉर्मल तो है न?’’ शीतल ने आश्वस्ति के भाव चेहरे पर लाते हुए कहा था, ‘‘हाँ, सब ठीक ही है, वजन, ब्लडप्रेशर...आज अल्ट्रासाउंड भी करवाया...सचमुच विशाल, कैसा विचित्र अनुभव है, अपने ही भीतर पलते बच्चे की तसवीर स्क्रीन पर देखना, उसके छोटे-छोटे हाथ-पैर, पैर तो ऐसे चल रहे थे जैसे उसे मालूम हो कि हम उसे देख रहे हैं। कितना अजीब लगता है, अपने भीतर एक और दिल को धड़कते हुए देखना, मैं तो अपने आँसू नहीं रोक सकी...बस अब मैं उसे देखना चाहती हूँ।’’

विशाल की आँखें उत्सुकता और कौतूहल से भरी थीं। उन्होंने शीतल को बीच में ही रोककर पूछा, ‘‘कोई समस्या तो नहीं है, सब ठीक है न?...काश, मैं भी तुम्हारे साथ चल पाता...एनी वे, फाइनली क्या कहा डॉक्टर ने?’’

शीतल ने उनके कंधे पर टँगे बैग को उतारते हुए कहा, ‘‘डॉक्टर ने कहा है कि बेबी बिलकुल ठीक है, बस थोड़ा खाने-पीने का ध्यान रखना है...मौसम

बदल रहा है न, और मेरा गला भी कुछ ठीक नहीं, इसलिए ठंडी चीजें खाने और फ्रिज का पानी पीने को मना किया है।''

शीतल ने कमरे के कोने में रखे एक नए राजस्थानी घड़े की ओर इशारा करते हुए कहा, ''देखो, हॉस्पिटल से लौटते हुए मैं यह घड़ा भी ले आई, अब इसी का पानी पियूँगी।''

विशाल की दृष्टि घड़े पर पड़ते ही उन्हें ऐसा लगा जैसे उनकी आँखों में कुछ चुभ रहा हो। कमरे के कोने में रखे मिट्टी के घड़े पर कच्चे पर चटक रंगों से फूल-पत्तियाँ बनी थीं। शीतल ने विशाल की ओर देखते हुए पूछा, ''सुंदर है न?''

उन्होंने कोई जवाब नहीं दिया, सिर्फ शीतल की ओर देखा, एक बार फिर घड़े को देखा और बेडरूम की ओर बढ़ गए। उनके पीछे शीतल भी बेडरूम में आ गईं। शीतल ने सीधा सवाल किया, ''क्या हुआ तुम्हें?''

विशाल ने थोड़ा रुककर उत्तर दिया, ''तुम भी कमाल करती हो, आजकल पानी पीने के लिए कौन घर में घड़ा रखता है...वो भी इतना बड़ा! कुछ भी उठा लाती हो। फ्रिज का पानी नहीं पीना था तो एक छोटी सी सुराही ले आतीं...पर यह इतना बड़ा फूल-पत्तियों वाला राजस्थानी घड़ा...हटाओ इसे वहाँ से।''

शीतल बिना कुछ कहे विशाल को देखती रह गई। विशाल, जो ऐसे समय में शीतल का हर तरह से ध्यान रख रहे थे। बच्चे के जन्म का उन्हें शीतल से भी अधिक बेसब्री से इंतजार था। उन्होंने खुद अपने हाथों से बेडरूम में चारों ओर गोल-मटोल, गोरे-काले-साँवले, हँसते-रोते कई बच्चों के चित्र लगाए थे...पर आज, अचानक एक घड़े को लेकर उनका इस तरह गुस्सा होना, शीतल को कुछ समझ नहीं आया। वह बेडरूम से बाहर आ गईं। विशाल कपड़े बदलकर बेडरूम में ही लेट गए। ऐसे समय में जब वह अपनी पत्नी का इतना ध्यान रख रहे थे, उन्हें भी शीतल से इस तरह बोलना अच्छा नहीं लगा था। पर...वह घड़ा, जिस पर कच्चे पर चटक रंगों से फूल-पत्तियाँ बनी थीं, उनकी आँखों में अभी भी चुभ रहा था। उन्होंने आँखें बंद कर लीं, पर अब भी वह उनकी आँखों के सामने था और उन्हें बार-बार एक ऐसे गहरे कुएँ में खींचे ले जा रहा था जिसकी गहराइयों में झिलमिलाते पानी पर उन्हें ऐसा ही मिट्टी का राजस्थानी बड़ा घड़ा दिखाई देता, जिस पर कच्चे रंगों से फूल-पत्तियाँ बने थे, वह उस गहरे कुएँ के गँदले पानी की सतह पर ऐसे हिलते-डुलते हुए तैरता, जैसे खुद को डूबने से बचाना चाहता

हो, पर धीरे-धीरे उसमें पानी भरने लगता और उस घड़े से हाँफती, छटपटाती बुलबुले बनाती हवा बाहर निकलती। घड़ा हार जाता और आखिर में डूब जाता।

विशाल उस घड़े को, उस कुएँ को, उस शाम को भूल जाना चाहते थे, जिस शाम वह राजस्थान में, अपने गाँव ढाँढेसा में, अपनी हवेली के बरामदे में बड़ी बेचैनी से टहल रहे थे। हवेली के भीतर के एक कमरे से किसी औरत के रोने-चीखने की आवाज आ रही थी। यह विशाल की भाभी की आवाज थी। वह गर्भवती थीं और गर्भ नौ महीने से भी ऊपर का हो चुका था। आज दोपहर से ही उन्हें दर्द उठ रहा था। हवेली के भीतर के कमरे में डॉक्टर उनकी जाँच कर रही थी। डॉक्टर ने कमरे से बाहर निकलते ही कहा था, "इन्हें अस्पताल ले जाना होगा, वैसे तो सब ठीक है, पर घर में प्रसव होने पर थोड़ी मुश्किल हो सकती है।" पर विशाल के बड़े भाई साहब ने भाभी को अस्पताल ले जाने से मना कर दिया था। विशाल डॉक्टर को शहर छोड़ने चले गए थे, जो गाँव ढाँढेसा से बीस-बाईस किलोमीटर दूर था।

विशाल डॉक्टर को छोड़कर जब तक हवेली वापस लौटे थे, सूरज डूब चुका था, पर हवेली के बरामदे की बत्तियाँ नहीं जल रही थीं। भीतर से भाभी की रोने की आवाजें आ रही थीं। हवेली के आँगन में कुछ औरतें, भाई साहब के दो खास कारिंदे और दाई, जिसे डॉक्टर के जाने के बाद जचकी के लिए बुलाया गया था, बैठे थे। भाई साहब भाभी के पास कमरे में थे। आँगन के बीच में एक बड़ा राजस्थानी घड़ा रखा था, जिस पर कच्चे पर चटक रंगों से फूल-पत्तियाँ बनी थीं। हवेली में एक भयावह सन्नाटा तैर रहा था। आज विशाल को उस घड़े पर बने फूल, उसकी गर्दन पर बने बेल-बूटे अच्छे नहीं लग रहे थे।

दाई ने उठते हुए कहा, "मरी हुई छोरी जनी है बींदड़ी ने," और आगे बढ़ते हुए काला कपड़ा घड़े पर ढक दिया। भाभी के रोने की आवाज तेज हो गई। भाई साहब कमरे से बाहर आ गए। उन्होंने आँगन में बैठे अपने खास कारिंदों को इशारा किया। दोनों उठकर घड़े की तरफ बढ़े। तभी घड़ा काँप उठा।

मिट्टी का बेजान घड़ा। बेल-बूटों और फूल-पत्तियों वाला घड़ा। विशाल सोच रहे थे क्या किसी और ने भी उस घड़े को काँपते हुए देखा है? घड़ा ही हिला था या धरती हिल रही थी। घड़े की ओर बढ़ते हुए दोनों आदमी ठिठक गए। घड़ा फिर हिला और लुढ़क गया। घड़े में भरा सफेद, घर का पिसा, दरदरा नमक फर्श

पर फैल गया।

...दो नन्ही, नमक में सनी मुट्ठियाँ घड़े से बाहर निकल आईं।

भाभी जो कमरे की चौखट से टिकी रो रही थीं, उनकी आँखें ऊपर चढ़ गईं। अब उनकी चीखें दहाड़ों में बदलने लगीं। विशाल को लगा जैसे हवेली की दीवारें उनकी दहाड़ों से थर-थर काँप रही हैं। वह घड़े से बाहर झाँकती नन्ही मुट्ठियों को घड़े से बाहर खींचकर सीने से लगा लेना चाहती थीं। वह उन्हें पकड़ने के लिए बढ़ीं भी, पर कमरे की चौखट को छोड़ते ही आँगन के फर्श पर मुँह के बल गिर पड़ीं। उनके मुँह से निकली चीख कई विचित्र सी ध्वनियों में टूट गई, वह यदि कुछ साफ-साफ बोल पातीं तो यही कहतीं, "मार डाला मेरी बच्ची को।"

लेकिन उस ध्वनि को समेटकर जोड़ा नहीं जा सकता था क्योंकि अब वह असंख्य टुकड़ों में बँटकर आँगन में तैरती हुई हवेली के बाहर पसरे अँधेरे में विलीन हो गई थी। पर उसके कुछ बारीक रेशे अब भी हवेली की दीवारों से टकराकर उन्हें झनझना रहे थे।

फर्श पर फैला नमक आँगन में खड़े लोगों की आँखों में चुभ रहा था। सब अंधे, गूँगे, बहरे बनकर खड़े थे। अगर कुछ बोल रहा था तो वे थीं दो नन्ही-नन्ही नमक में सनी, घड़े के मुँह से बाहर झाँकती मुट्ठियाँ।

विशाल काँपते पैरों से अपनी आँखें मलते हुए, घड़े की ओर बढ़े, पर भाई साहब ने उन्हें बीच में ही रोक दिया। भाई साहब के दोनों खास कारिंदों ने मुट्ठियों को पकड़कर वापस घड़े में ठेल दिया और मुँह पर काला कपड़ा बाँध दिया। औरतें भाभी को उठाकर कमरे में ले गईं। भाभी होश में थीं या नहीं कहा नहीं जा सकता। उनके दाँत भिंचे हुए, आँखें चढ़ी हुई थीं और हाथ-पाँव एकदम ठंडे पड़ चुके थे।

विशाल की आँखों के सामने जैसे अँधेरा छा गया था। अपनी पूरी शक्ति समेटकर वह अपने पैरों पर खड़े रह पाने की कोशिश कर रहे थे। उनके सामने जो कुछ भी घट रहा था, वह किसी दुःस्वप्न-सा धीरे-धीरे उनकी आँखों के आगे तिर रहा था। उनके कानों में अभी भी भाभी की चीखें गूँज रही थीं। उन्होंने खुद को सँभालते हुए सिर को झटका और हवेली के दरवाजे की ओर लपके जहाँ से भाई साहब और उनके दो आदमी, आँगन के बीचोबीच रखे उस घड़े को उठाकर ले गए थे। वह जब तक हवेली के बाहर पहुँचे, भाई साहब की जीप काला धुआँ पीछे छोड़ती हुई हवेली से बाहर निकल चुकी थी। वह पागलों की तरह, गिरते-पड़ते काले धुएँ के पीछे भाग

रहे थे। पर धुआँ उन्हें पीछे छोड़कर फर्राटे से गाँव के बाहर बने उस मनहूस कुएँ पर जा पहुँचा था, जिसके चारों ओर गहरा सन्नाटा था। कुएँ की मुँडेर पर एक दीया रोशनी देने की नाकाम-सी कोशिश कर रहा था। भाई साहब की जीप जिस फर्राटे से कुएँ तक पहुँची थी, उसी फर्राटे से वापस हवेली की ओर लौट गई। विशाल कुएँ की मुँडेर पर हाथ रखे हाँफ रहे थे। दीये की रोशनी में झिलमिलाते कुएँ के पानी में बुलबुले उठ रहे थे।

घड़ा डूब चुका था।

ऐ गंगा तुम बहती हो क्यूँ

गंगा पीछे रह गई थी, वाराणसी का स्टेशन भी। एक यात्रा तो पूरी हुई, लेकिन दूसरी...? अजीब-सा शोर है, अजीब-सी सनसनी। गंगा का नतोदर प्रवाह जैसे एक प्रत्यंचा है और ट्रेन एक छूटा हुआ तीर। तब के विसर्जित दृश्य एक-एक कर उतराने लगे, प्रतिभा के भीतर एक नदी-सी बह चली थी। वही पुल, वही घाट, वही सीढ़ियाँ, वही मणिकर्णिकाएँ, वही जलती चिताएँ। एक चिता उसके भीतर भी जल रही थी...

प्रतिभा को आज भी वह दिन याद है, जब रणवीर ने उसे बताया, "आज मैंने अपने घरवालों को सूचित कर दिया कि मैं तुमसे शादी कर रहा हूँ।" प्रतिभा की सारी इंद्रियाँ जैसे कान और आँख में सकेंद्रित हो गई थीं, "क्या कहा उन्होंने?" "वही, जो मैं एक्स्पेक्ट कर रहा था।" रणवीर ने सपाट-सा उत्तर दिया। "फिर भी...? यह जानना मेरे लिए बहुत जरूरी है। सच-सच बताओ, कुछ भी छुपाना नहीं, तुम्हें...मेरी कसम।" प्रतिभा ने रणवीर का हाथ पकड़ते हुए कहा था। "ठीक है बाबा...सुनो, पहले पूछा लड़की कौन है? जब मैंने उन्हें बताया कि मेरी कुलीग है तो और सवाल दागे गए, जाति? वर्ण? कुल? गोत्र?...मैंने भी बता दिया तुम विजातीय हो, विजातीय ही नहीं, एक दलित परिवार से हो।...उन्हें तो जैसे साँप सूँघ गया। उनकी आने वाली कई पीढ़ियों की मोक्ष-प्राप्ति संकट में पड़ गई। ठाकुर परिवार का इतिहास, उसकी विरासत...उफ!...उस परिवार में ऐसा पहली बार हुआ है कि उनके कुल के किसी लड़के ने अपनी जाति से बाहर की किसी लड़की से शादी करने की बात सोची है, एक विजातीय से, वह भी शूद्र!"

रणवीर को तुरंत कानपुर से बनारस बुला लिया गया था..., वहाँ उसके साथ क्या हुआ प्रतिभा नहीं जानती थी। उसने वापस आकर प्रतिभा को बस इतना ही बताया था कि उसके चाचा और बड़े भाइयों का कहना है कि लड़की अगर बामन या बनिया होती तो सोच भी सकते थे, पर शूद्र? यह तो हो ही नहीं सकता, पर

रणवीर अपने निर्णय पर अड़े रहे और प्रतिभा के साथ अपने विवाह की तारीख निश्चित कर, अपने घर सूचना भेज दी।

विवाह कानपुर में एक आर्य समाज मंदिर में कुछ मित्रों और प्रतिभा के रिश्तेदारों की उपस्थिति में संपन्न हुआ था। रणवीर के घर से कोई भी नहीं आया था, पर उस दिन जब वे मंदिर से निकल ही रहे थे कि रणवीर के पिता हृदयनाथ सिंह मंदिर पहुँच गए थे। प्रतिभा ने उन्हें पहली बार देखा था। उन्हें वहाँ देखकर उसका मन कई आशंकाओं से भर गया था, पर क्षण भर में ही उनके सरल व्यक्तित्व और वात्सल्य भरी मुस्कान ने उसकी सारी आशंकाओं को दूर कर दिया। रणवीर और प्रतिभा ने जब आगे बढ़कर उनका आशीर्वाद लिया, तो उन्होंने दोनों को गले लगा लिया। वह बनारस हिंदू विश्वविद्यालय में समाजशास्त्र के प्रोफेसर थे। रणवीर ने प्रतिभा को बताया था कि उसके परिवार में एक वही हैं जिन्होंने बदलते समय में पुरानी मान्यताओं को तोड़कर नए मूल्यों को अंगीकार किया था वरना उसके परिवार में बाकी सभी लोग आज भी सदियों पुराने खूँटे से बँधे, सड़ी-गली मान्यताओं की जुगाली कर रहे थे। उन्होंने उस दिन चलते हुए प्रतिभा और रणवीर से बस इतना ही कहा था, "बहुत कठिन राह चुनी है तुम दोनों ने, पर एक-दूसरे का साथ देने के अपने संकल्प को कभी डिगने मत देना। अभी मैं चलता हूँ, तुम्हारी माँ को समझाऊँगा। उनके मानते ही, मैं तुम्हें पत्र लिखूँगा। तुम दोनों घर आना।" रणवीर के पिता हृदयनाथ सिंह से हुई इस छोटी सी मुलाकात से प्रतिभा को अपनी शादी पूर्ण लगने लगी थी।

उसके बाद चार साल बीत गए, न तो रणवीर के परिवार वाले माने और न ही रणवीर के पिता का अपने बेटे और बहू को घर बुलाने के लिए कोई पत्र ही आया। हालाँकि इस बीच जब उनके बेटे आशीष का जन्म हुआ तो प्रतिभा का रणवीर के परिवार वालों से मिलने का बहुत मन था। यह अपने बेटे को उसकी जड़ों से जोड़ने की एक नैसर्गिक इच्छा थी या कुछ और, वह नहीं जानती, पर उसने एक बार बनारस चलकर रणवीर से अपने भाइयों, चाचाओं और माँ से मिलकर, उन्हें मनाने की बात की थी, जिस पर रणवीर ने यही कहा था, "वे नहीं समझेंगे, वे नहीं बदलेंगे। तुम उन लोगों का मनोविज्ञान नहीं समझतीं। वे हमारी तरह नहीं सोचते। हम कुछ भी कर लें, वे नहीं मानेंगे।" उस समय प्रतिभा रणवीर की बात सुनकर चुप हो गई थी, पर वह उसके जवाब से संतुष्ट नहीं थी। इन वर्षों में प्रतिभा के मन में कई प्रश्न डूबते-उतराते रहे। परंतु जब एक दिन

अचानक ही रणवीर को उसके मित्र ने आकर सूचना दी कि उसके पिता का हृदय गति रुकने से देहांत हो गया है तथा यह सूचना उसे फोन पर उसके ही घरवालों ने दी है और यह भी कहा है कि यदि रणवीर चाहे तो अपने पिता के अंतिम संस्कार में शामिल हो सकता है, तब रणवीर के मना करने पर भी प्रतिभा ने उसके साथ जाने का निश्चय कर लिया था। उसके सामने रणवीर के पिता की मुस्कान तैर रही थी। उसे लग रहा था मानो वह कह रहे हों कि तुम चिंता मत करना मैं तुम्हें घर बुलाने के लिए पत्र जरूर लिखूँगा। रणवीर के लाख समझाने पर भी प्रतिभा नहीं मानी। रणवीर और प्रतिभा अपने बेटे आशीष के साथ रात में ही बनारस के लिए रवाना हो गए थे।

बनारस पहुँचने पर उन्हें पता चला कि पिता को अंतिम संस्कार के लिए गंगा किनारे, घाट पर ले जाया जा चुका है इसलिए उनके अंतिम दर्शन के लिए उन्हें सीधे घाट पर ही पहुँचना होगा। उन्होंने वैसा ही किया। वे सीधे घाट पर पहुँचे, उस घाट पर, जहाँ विशेष लोगों के दाह-संस्कार की विशेष व्यवस्था थी। वहाँ पहले से ही कुछ चिताएँ जल रही थीं। हवा में नमी होने के कारण लपटें कम और धुआँ ज्यादा था। लोग लाख और देशी घी चिताओं पर डालकर आग भड़का रहे थे। मंत्रों की गूँज और चिताओं की तपिश में वहाँ उपस्थित लोगों के चेहरे लाल हो गए थे। चिताओं से उठते धुएँ के बादलों के बीच, पंडितों के मुँह से निकले मंत्र बिजली से तड़क रहे थे ।

रणवीर के पिता की चिता लगाई जा रही थी। उनका शव अर्थी समेत पृथ्वी पर रखा था। उनका चेहरा शांत और निर्लिप्त था, पर होंठ खुले हुए थे। आखिरी बार अपने इन होंठों से उन्होंने क्या कहा होगा? क्या उन्होंने रणवीर को याद किया होगा? यही सोचते हुए प्रतिभा ने रणवीर के साथ उनके आगे हाथ जोड़े और अपनी आँखें बंद कर लीं। प्रतिभा को रणवीर के पिता से हुई अपनी पहली और आखिरी मुलाकात याद हो आई। उन्होंने स्वयं आगे बढ़कर उसे गले लगा लिया था।

रणवीर के बड़े भाई पिंडदान कर रहे थे।

प्रतिभा को लग रहा था जैसे उनके वहाँ पहुँचने पर मंत्रोच्चार और तेज हो गया था, पर इस सब की ओर ध्यान न देते हुए वह एकटक रणवीर के पिता को ही देख रही थी। वह रणवीर की ही तरह लंबी-चौड़ी कद-काठी के आदमी थे।

अनायास ही प्रतिभा का ध्यान उनके लिए बनाई जा रही चिता पर गया। उसकी लंबाई उनके कद से बहुत कम थी। उसे वह चिता बहुत छोटी लग रही थी। प्रतिभा के लिए यह सब बिलकुल नया और अपरिचित था। वह दुःख और कौतूहल से भरी थी। फिर भी उसका मन एक व्यर्थ जान पड़ते प्रश्न से उलझ रहा था। बार-बार उसे यही लग रहा था कि इतनी छोटी चिता पर इतने बड़े व्यक्ति के शव को कैसे लिटाया जा सकेगा? तभी पंडितों ने मंत्रोच्चार रोक दिया, रणवीर के बड़े भाई ने कुछ लोगों की सहायता से शव को चिता पर लिटा दिया। उनके पैर घुटनों से नीचे, चिता से बाहर निकले थे। उनके शरीर को धीरे-धीरे लकड़ियों से ढका जाने लगा।

चिता को अग्नि दे दी गई। पर पैर? वे अब भी बाहर निकले हुए थे। प्रतिभा ने रणवीर से कुछ पूछना चाहा, पर उसके बहते आँसुओं को देखकर उसने खुद को जब्त कर लिया।

चिता के आग पकड़ते ही, चिता से बाहर लटकते पैरों की त्वचा का रंग बदलने लगा। वे पहले पीले...फिर भूरे और धीरे-धीरे काले होने लगे। वही पैर जो जीवन भर पूरे शरीर का बोझ उठाते रहे, जो पूरे व्यक्तित्व को जमीन से ऊँचा किए रहे, वही पैर अपनी ही देह से तिरस्कृत, चिता से बाहर झूल रहे थे। चमड़ी के जलने की गंध चारों ओर फैलने लगी। घी के पड़ते ही चिता से लपटें उठने लगीं। तभी एक पैर घुटने से टूटकर जमीन पर खिसक गया। दूसरा भी टूटकर जमीन पर गिर पाता कि अंतिम क्रिया कर रहे रणवीर के भाई ने दो लंबे बाँसों की कैंची बनाकर पैरों को पकड़ा और एक-एक कर चिता में झोंक दिया। प्रतिभा के मुँह से चीख निकल गई। वह थर-थर काँप रही थी।

चिता के ऊपर पड़े दोनों पैर धू-धू कर जल रहे थे।

प्रतिभा की चीख सुनकर अंतिम संस्कार करा रहे पंडित ने बड़े ही कड़े स्वर में कहा, "पैर जीवन भर धरती पर चलते हैं। ये शरीर का बोझ उठाने के लिए बने हैं। आगे की यात्रा में पैरों की आवश्यकता नहीं होती।" बोलते हुए उनकी आँखों में चिता की लपटें चमकने लगी थीं।

प्रतिभा की आँखों से गंगा छलछला रही थी। पंडित ने बादलों की तरह फिर गर्जना की, "एक व्यक्ति को अपने जीवन में कई प्रकार के कर्म करने होते हैं। वह अपने सिर से ब्राह्मण का कर्म करता है, भुजाओं से क्षत्रियों का, उदर के लिए

उसे वैश्य का कर्म करना पड़ता है। पर पैर? ये शूद्र हैं। ...इन्हें बाकी शरीर के साथ नहीं जलाया जा सकता। जब सिर, भुजाएँ और उदर जल जाता है, जब आत्मा शरीर के मोह से मुक्त होकर अनंत यात्रा पर निकल जाती है, तब बिना स्पर्श किए लकड़ी की सहायता से पैरों को भी अग्नि में डाल दिया जाता है।''

रणवीर ने अपने बेटे को गोद में लेकर उसका मुँह दूसरी ओर फेरा और आँखें मूँद लीं, फिर भी उसकी आँखों में पिता के पैर बार-बार कौंध रहे थे, उसने उन पैरों को आखिरी बार अपनी शादी के समय छुआ था, जीवन में कितने सफर तय किए थे, इन्हीं पैरों के निशानों का पीछा करते हुए। रणवीर ने अपनी आस्तीन से आँसू पोंछते हुए प्रतिभा की ओर देखा। वह अभी भी रणवीर का हाथ पकड़े काँप रही थी, फिर भी उसने हिम्मत बटोरकर रणवीर के कान में फुसफुसाते हुए कहा, ''पर मैंने तो ऐसा कहीं नहीं देखा!''

पंडित ने ऊँचे स्वर में आगे कहना शुरू किया, ''बहुत से लोगों ने संसार में बहुत कुछ नहीं देखा, इसी कारण वे अज्ञान के अंधकार में अपना जीवन बिता रहे हैं। उन्हें नहीं पता वे अपना लोक ही नहीं, परलोक भी नष्ट कर रहे हैं।'' उन्होंने रणवीर की ओर देखते हुए कहा, ''शूद्र की छाया भर पड़ने से वैतरणी पार करने में बाधा पड़ जाती है। भवसागर को पार करना कोई नदी-नाला पार करना नहीं है। उसे पार करने के लिए कोई पुल, कोई गाड़ी, कोई साधन नहीं है, सिवाय अपने धर्म-पालन के, सारे कर्मकांड पूरे करने के...और अंतिम संस्कार? यह तो वह संस्कार है, जिसमें रत्ती भर चूक से, व्यक्ति की आत्मा युग-युगांतर तक प्रेतयोनि में भटकती रहती है, फिर पूरे ब्रह्मांड में कोई उसे वैतरणी पार नहीं करा सकता। कोई उसे मोक्ष नहीं दिला सकता। यह तो इसी स्थान की महिमा है, जहाँ इतने विधि-विधानपूर्वक यह संस्कार संभव है।''

प्रतिभा की आँखों में गंगा जैसे ठहर गई थी। उसकी लहरों का कोलाहल शांत हो गया था। एक पल को उसे लगा जैसे किसी ने उसके पैरों के नीचे की वह जमीन हिलाकर रख दी है, जिस पर उसका और रणवीर का रिश्ता खड़ा था, उसे लग रहा था मानो उसने अपने पति और बेटे का जीवन स्वयं नष्ट कर दिया है, पर इससे अलग उसके भीतर कुछ और भी उबल रहा था, किसी विकराल ज्वालामुखी की तरह, जो इस सन्नाटे को तोड़ते हुए बह निकलना चाहता था। वह चीख-चीखकर कहना चाहती थी, ''हाँ, मैं शूद्र हूँ। शूद्र माने पैर, सभ्यताओं के पैर, जिन पर चलकर पहुँची हूँ मैं यहाँ तक।'' वह अपने हाथों से पानी

उलीचकर धो डालना चाहती थी, एक-एक घाट। वह पछीट-पछीटकर धोना चाहती थी, संस्कृतियों और संस्कारों पर पड़ी धूल, पर वह जैसे जड़ हो गई थी।

घाट पर सदियों से जलती चिताओं की राख धीरे-धीरे आसमान से गिरकर सबके चेहरों पर बैठती जा रही थी। लोगों के मुँह काले हो रहे थे। उनकी आँखें चारों ओर फैले काले धुएँ और चमड़ी के जलने की गंध के बीच, स्वर्ग में खुलने वाले किसी दरवाजे को तलाश रही थीं, पर उस धुंध में वे कोई रोशनी नहीं खोज पा रही थीं।

गंगा अब भी बही जा रही थी—निर्लिप्त-सी। किसी समारोह में प्रतिभा को अपना ही गाया हुआ, भूपेन हजारिका का वह गीत याद आ रहा था, 'ऐ गंगा तुम बहती हो क्यूँ...?' विस्तीर्ण दोनों पाट...असंख्य मनुष्यों के हाहाकार सुनकर भी बही जा रही हो। इतने अन्याय, अविचार पर सूख क्यों नहीं जाती?

प्रतिभा ने जोर से सिर को झटका ।

सामने की सीट पर रणवीर और उसका बेटा आशीष दोनों ही गहरी नींद में थे। उसे रणवीर के पिता हृदयनाथ सिंह की मुस्कान बार-बार याद आ रही थी। उन्होंने उसे कितने स्नेह से गले लगा लिया था। उनकी मुस्कान में पूरा बनारस सिमट आया था, जिसे देखकर उसकी मुट्ठियाँ ढीली पड़ गईं, चेहरे की मांसपेशियों का तनाव कम होने लगा, आँखों की नमी धीरे से गालों पर उतर आई।

वह हलकी ठंड का मौसम था और अपराह्न की वेला चमकीली धूप में उसके सामने प्रतिपल फैलता हुआ परिदृश्य था—गतिमान, स्पष्ट और जीवंत, पर लगा जैसे सारा कुछ फेडआउट होता जा रहा है...दिख रहे हैं तो सिर्फ दो लटकते पाँव। ...अचानक ही उसे लगा, जैसे लटकते पाँव खड़े हो रहे हैं। वे सचमुच ही खड़े हो गए। चलने लगे। वे ज्वालाओं के बीच से चले आ रहे हैं, उसकी ओर। पाँव से ऊपर न धड़ दिखाई पड़ रहा है, न मुंह! मानो वे थे ही नहीं, थे तो सिर्फ पाँव ही थे।

वह चौकन्नी हो गई,...खड़ी हो गई।

उसके ससुर के पाँव! पाँव जो शूद्र हैं, जो वह है।

खरोंच

टीन के जंग खाए कनस्तर को जैसे कोई कील से खरोंच रहा हो कुछ ऐसी ही आवाज सदना के गले से निकल रही थी। जंगलों में वसंत उतरने के गीत गाने वाली उसकी आवाज इतनी कर्कश, इतनी बेसुरी कभी नहीं थी, उसकी आवाज इतनी बेबस, लाचार और बेअसर भी कभी नहीं हुई थी कि वह गिनकर पूरे तीस बार, एक ही बात को पढ़कर लोगों को बताए और वह बात, उसमें छिपा दर्द, उसमें पैवस्त उसके आहत तन-मन की चीत्कार का एक रेशा भी किसी तक न पहुँचे, उसके लहूलुहान हो चुके मन की खरोंचों को कोई छू भी न सके, पर आज उसके साथ ऐसा ही हो रहा था। उसके वजूद को तार-तार कर देने वाली घटना को बयाँ करते शब्दों का अर्थ न्यायालय में गूँजते ठहाकों ने बदलकर रख दिया था। इन ठहाकों में वकीलों, मुनीमों और मजा लेने के लिए यूँ ही जुट आई भीड़ के साथ जज साहब की हँसी भी शामिल थी।

तभी उन ठहाकों के शोर में एक खामोशी की लकीर धीरे से तैरने लगी। सदना के गले से निकलती आवाज थम गई। साथ ही उसकी फड़फड़ाहट, उसका कंपन हवा में बिला गया। न्याय के लिए गिड़गिड़ाती सदना का चेहरा सख्त हो गया। अब उसकी आँखें किसी अंतिम निर्णय पर पहुँच चुकीं, अपने आसपास छाए कुहासे को कांटती तेज धारदार आँखें थीं।

कोर्टरूम में खीसें निपोरते चेहरे एक पल के लिए सपाट हो गए।

न्यायाधीश जोर से, लगभग गरजते हुए बोले, ‘‘एफ. आई. आर. फिर से पढ़ी जाए, अदालत पूरे वाकए को फिर से सुनना चाहती है।’’

सब टकटकी लगाए सदना की ओर देख रहे थे। सदना ने अपने हाथ के पसीने से भीग चुके कागजों को एक बार फिर से सीधा किया और उसमें लिखे शब्दों को बड़े ध्यान से देखा। उसने अपने हाथों में जिन कागजों को ले रखा था

वे उस फरियाद की नकल थे जो उसने कोर्ट में प्रस्तुत होने से तीन महीने पहले अपने ऊपर हुए अत्याचार के खिलाफ आवाज उठाने के लिए, न्याय माँगने के लिए, आरोपियों को सजा दिलाने के लिए की थी। वे कागज सदना के साथ किए गए सामूहिक बालात्कार की एफ. आई. आर. की कॉपी थे, जो सदना ने अपने साथ हुई उस घटना के तीन दिन बाद बमोई थाने में लिखवाई थी।

जिस सदना से भरी अदालत में बार-बार एफ. आई. आर. पढ़वाई जा रही थी, यह वही सदना थी जो कभी पूरे राज्य के आदिवासी अंचल की शान हुआ करती थी। यह वही सदना थी जिसने लंबी कूद और चार सौ मीटर की दौड़ में, राज्य स्तर की प्रतियोगिताओं में स्वर्णपदक जीते थे, जिसे राज्य सरकार ने स्पोर्ट्स कोटे में राज्य के पुलिस बल में सीधे सब इंस्पेक्टर के पद पर शामिल किया था। यह वही जांबाज सदना थी, जिसने कई नक्सल प्रभावित क्षेत्रों में पुलिस और नक्सलियों के बीच हुई मुठभेड़ों में अपनी जान जोखिम में डालकर अपने विभाग के, अपने राज्य के, उसके नागरिकों के लिए खतरनाक लड़ाइयाँ लड़ी थी। एक समय उसने गर्व से सबकी छाती चौड़ी कर दी थी। यह वही सदना थी, जो बचपन से अपने गाँव के पास से बहती नदी में अपनी छोटी सी नाव उतारकर, नदी के आखिरी पड़ाव, नदी को समंदर होता हुआ देखने वाले किनारों तक जाने के सपने देखा करती थी। यह वही मासूम सी सदना थी जो अपनी बीमार माँ के लिए जंगल से अपनी धोती के पल्लू में चिरौंजी और महुआ बीनकर ले आया करती थी, जो अपने सारे काम निपटाकर सूरज ढलने से पहले चट्टानों पर कोयले से लिखकर अपना पाठ याद किया करती थी, जो खेल के जी-तोड़ अभ्यास में शरीर पर लगी चोटों को अपनी माँ से छिपाकर, उन पर जंगल की मिट्टी इस विश्वास के साथ लगा लिया करती थी कि उसके जंगलों की यह मिट्टी बड़े से बड़े घाव को भरने की ताकत रखती है, पर इस बार यह मिट्टी उसका कोई घाव भर नहीं पा रही थी। उसके लिए जंगल, वहाँ का हवा-पानी, लोग सब अचानक ही बेगाने हो गए थे।

वह निपट अकेली, कानून के जंगल में खड़ी, न्याय की भीख माँग रही थी, पर उसकी आवाज काले सियारों की 'हुआँ...हुआँ' के बीच दबकर रह गई थी। वहाँ उपस्थित हर आदमी उसकी लाचारगी पर हँस रहा था। वे सब समूह में उसके दर्द का उपहास कर रहे थे, उसके साथ हुए शर्मनाक हादसे का उत्सव मना रहे थे। वे उसके मुँह से उसके साथ हुए बलात्कार का आँखोंदेखा हाल सुनकर मस्त हो रहे थे। उन सबके भीतर एक शिकारी कसमसा रहा था। वे अपनी जाँघों-बीच

खुजला रहे थे। पर सदना के अचानक चुप हो जाने से उनके मजे में बाधा पड़ गई थी।

सदना ने उन कागजों को कसकर पकड़ लिया था। उसकी साँस गहरी और तेज चल रही थी। उसके भीतर धधकता कोई ज्वालामुखी अचानक ही फट पड़ा था। उसके मुँह से गाढ़े काले रंग का धुआँ उठ रहा था। उसकी आँखों से बहता लावा उसकी ओर उठती नजरों को झुलसा रहा था। तभी कुछ ऐसा हुआ जिसे वहाँ उपस्थित लोगों ने पहले कभी नहीं देखा था। लोग सकते में थे।

सदना ने एफ. आई. आर. की कॉपी को फाड़कर उसके अनगिनत टुकड़े कर दिए। ऐसा करते हुए उसकी छाती और गले को खरोंचकर निकली आवाज ने लोगों के कान फाड़ दिए थे। इससे पहले कि कोई कुछ समझ पाता एफ. आई. आर. की छोटी-छोटी चिंदियाँ हवा में उड़ रही थीं। उन पर लिखे शब्द बेतरतीब जज की टेबल पर बिखर गए थे। वह अब भी उन्हें अपने मोटे चश्मे से पढ़ने की कोशिश कर रहे थे—नाखून, वक्ष, जाँघें, योनि, वीर्य, चीख, दर्द, बेहोशी और तमाम आधे-अधूरे शब्द कमरे की छत से लटके पंखे की हवा में टेबल से यहाँ-वहाँ उड़ रहे थे।

सदना जज के सामने कमरे के बीचोबीच खड़ी अपने शरीर से एक-एक कपड़ा नोचकर हवा में उछाल रही थी। लोग सन्न थे। वह कुछ प्रतिक्रिया दे पाते उससे पहले सदना कमरे के फर्श पर लेट गई थी। वह जो बताना चाहती थी और तीस बार एफ. आई. आर. पढ़कर भी नहीं बता सकी थी, अब उसे करके दिखा रही थी। लोग भौचक थे। सदना बोल रही थी, ''ऐसे गिरा दिया था जमीन पे मुझे, ऐसे ठूँस दिया था कपड़ा मेरे मुँह में...और ऐसे पकड़कर मेरी...''

तभी दो पुलिस वालों ने आगे बढ़कर उस पर एक काला कंबल डाल दिया था। वे उसे पकड़कर बाहर की ओर घसीट रहे थे। तमाशबीन अपनी जगह पर खड़े हो गए थे।

न्यायाधीश न्याय का डंका जोर-जोर से टेबल पर पटक रहे थे। सदना की काले कंबल में से आती, घुटी हुई आवाज दूर होती जा रही थी। वह अब चीख-चीख के कह रही थी, ''एक और एफ. आई. आर. लिखानी है मुझे, इस कोर्ट के खिलाफ, जिसमें एक-दो नहीं, पूरे तीस बार पचासों लोगों ने मिलकर मेरा बलात्कार किया। मुझे इन सबके खिलाफ एक एफ. आई. आर. लिखानी है।''

कमरे के बाहर एक लंबी कोरीडोर में घिसटती हुई, लगातार दूर होती आवाज को जज की टेबल से उठती भारी-भरकम आवाज ने दबा दिया था। जज साहब फैसला सुना रहे थे। बलात्कार के आरोपियों सहित तमाम लोग खुशी से तालियाँ बजा रहे थे। कमरे में सबसे पीछे की बेंच पर हरी और नीली धोती में लिपटी बैठी दो औरतें डरी-सहमी धीरे-धीरे सुबक रही थीं।

सदना को न्यायालय की अवमानना के अपराध में गिरफ्तार कर जेल भेज दिया गया था। बलात्कार के आरोपी सबूतों के अभाव में बरी हो गए थे।

सदना रोज जेल की कोठरी की दीवारों पर अपने नाखूनों से खरोंच-खरोंचकर एक नई एफ. आई. आर. लिखने की कोशिश करती थी। वह ड्यूटी पर तैनात महिला कॉन्स्टेबल से दिन में कई बार कहती, "दीदी, देख इस बार सही लिखी है न, सजा होगी न उन सबको?" ऊँघती हुई महिला कॉन्स्टेबल उसकी बात सुनकर मुँह फेरती और फिर से झपकने लगती। दीवार पर खरोंचों के निशान रोज कुछ और गहरे हो जाते।

बदबू

रात के दस बज चुके थे।

सारे दिन की थकान, जुलाई के महीने की उमस और ठसाठस भरी यात्री गाड़ी के सामान्य श्रेणी के डिब्बे का सफर, मुकुंद के चेहरे से ही लग रहा था कि आज उनके साथ कुछ भी ठीक नहीं हुआ था। गाड़ी समय से दो घंटे लेट चल रही थी। तीन बार गाड़ी की चेन खींची जा चुकी थी। अब जब चौथी बार चेन खींचे जाने के बाद, इंजन थके हुए बैलों की तरह डिब्बों को खींचकर थोड़ी गति देने की कोशिश कर रहा था और थोड़ी-बहुत हवा बमुश्किल खिड़कियों से भीतर घुस पा रही थी, तभी एक लंबी 'चौं चौं चर्रर' की आवाज के साथ गाड़ी फिर खड़ी हो गई। इस बार गाड़ी किसी ऐसे निर्जन स्थान पर रुकी थी कि दूर-दूर तक कोई बल्ब जलता हुआ नहीं दिख रहा था। बाहर से आती दुर्गंध से पता चलता था कि लाइन के आसपास बरसात का पानी गड्ढों में भरा सड़ रहा है। झींगुरों और मेढकों का शोर एक अलग तिलिस्म बुन रहा था। कहीं-कहीं झाड़ियों पर एक-दो जुगनू चमक जाते थे।

गाड़ी के भीतर कई जिंदगियाँ या कहें क़हानियाँ ठसाठस भरी थीं। गाड़ी से बाहर अँधेरे में भी कुछ कहानियाँ रही होंगी पर खिड़की से देखने पर बाहर अँधेरे में उनका कोई निशान नहीं दिख रहा था। गाड़ी फिर धीरे-धीरे सरकने लगी।

मुकुंद ने आँखें मूँदकर एक उकताहट भरी साँस ली, किसी ताजे खिले फूल की खुशबू उनके नथुनों से टकराई। आँखें खोली, तो सामने बाईस-तेईस साल की गुलाबी रंग का सूट पहने, सफेद दुपट्टा ओढ़े एक लड़की बैठी थी या कहें कि जगह बनाकर बैठने की कोशिश कर रही थी। बदबुओं के बीच खुशबू का द्वीप! उसके सफेद दुपट्टे पर गहरे गुलाबी रंग के फूल ऊपर से टँके थे।

मुकुंद के नथुनों से टकराती खुशबू ने, मुकुंद और दुपट्टे पर टँके फूलों के

बीच एक तार खींच दिया था, जिसे डिब्बे में बैठा कोई और यात्री नहीं देख पा रहा था।

लड़की के पास ही एक लगभग पचास-बावन साल का आदमी खड़ा था, जो शायद लड़की के साथ था। उसका चेहरा तनाव में था। उसके और लड़की के परस्पर व्यवहार से लगता था, दोनों बाप-बेटी होंगे। वह लड़की से कुछ खिन्न था और अपने मंतव्य तक पहुँचने के लिए बहुत बेचैन दिख रहा था, पर लड़की पूरे निरापद भाव से बैठी थी। मानो वह चाहती हो कि गाड़ी हमेशा चलती ही चली जाए और वह कहीं भी न पहुँचे। लेट होती गाड़ी में बैठी जवान लड़की के चेहरे पर छाए विरक्ति और एकरसता के भाव मुकुंद को कुछ विचित्र, पर आकर्षक लग रहे थे। लड़की की आँखें जिस चीज पर टिक जातीं, बड़ी देर तक वहीं टिकी रहतीं और जैसे झपकना भूल जातीं। इस बीच मुकुंद कितनी बार उन आँखों में डूबे और उबरे, किसी को भी पता नहीं चला, पर मुकुंद की थकान कुछ कम हो गई थी और उन्हें अब गर्मी भी नहीं लग रही थी।

मुकुंद ने धीरे से जगह बनाते हुए अपने पाँव फैला दिए, जो सामने की सीट के नीचे तक जा लगे और अपना सिर पीछे टिकाकर, आँखें मूँद ली। मुकुंद की बंद आँखों के पीछे अब अँधेरा नहीं था। वहाँ बड़े-बड़े गुलाबी फूल थे और उन पर दो बड़ी-बड़ी आँखें रखी थीं, जो मुकुंद के अंदर झाँक रही थीं।

तभी 'चौं चौं चरर्र' की आवाज के साथ गाड़ी फिर रुकी। मुकुंद की गर्दन को हलका सा झटका लगा और आँखें खुल गईं। मुकुंद की आँखें खुलते ही गुलाबी फूलों को देखतीं, पर इस बार गाड़ी के रुकते ही, डिब्बे की बत्ती गुल हो गई। तभी डिब्बे में कसमसाहट शुरू हो गई। ठसाठस भरे डिब्बे में, जहाँ कोई हिल भी नहीं सकता था, लग रहा था जैसे कई लोग रेंग रहे हों।

मुकुंद ने अपने पैर सिकोड़ लिए और यह जानने के लिए कि आसपास यह कैसी कसमसाहट है, अपने हाथ अँगड़ाई लेने के अंदाज में फैला दिए। अँधेरे में उनका हाथ किसी ठंडी लोहे की चीज से टकराया। उन्होंने सकपकाते हुए अपने हाथ समेट लिए। वह अपनी जेब से मोबाइल निकालकर, टटोलते हुए उसके बटन दबाने लगे, तभी किसी ने बीड़ी सुलगाने के लिए माचिस जला दी। मुकुंद को एक झटका लगा।

मुकुंद के सामने अब खुशबू नहीं थी, गुलाबी फूल नहीं थे। वे बड़ी-बड़ी

आँखें भी नहीं थीं। वह लड़की अपनी सीट पर नहीं थी। मुकुंद सीट से उठकर सँभलते हुए दरवाजे की ओर बढ़े। भीड़ से ठसे डिब्बे में एक अजीब सी चिल्ल-पौं का वातावरण था। कोई कुछ सुन-समझ नहीं पा रहा था। रास्ते में बैठे लोग गालियाँ बक रहे थे। कई पैर उन्हें कुचलते हुए पहले ही दरवाजे की ओर निकल गए थे और अब लोगों ने मुकुंद के पैरों को जोर से पकड़ लिया था। वे नहीं चाहते थे कि अब कोई इस रास्ते से दरवाजे की ओर जाए। तभी एक खटाक की आवाज के साथ डिब्बे की बिजली आ गई। गाड़ी की खिड़कियों से बाहर गिरती रोशनी में उन्होंने गाड़ी से दूर जाते गुलाबी फूलों को देख लिया था। मुकुंद ने आँखें गड़ाईं। उस अधेड़ आदमी के अलावा, जो उस लड़की के साथ बैठा था, दो-एक और आदमी भी उनके पीछे चल रहे थे। वे लगभग लड़की को धकेलते हुए, रेलवे ट्रैक से नीचे ले जा रहे थे।

मुकुंद को फिर गर्मी लगने लगी। उनके माथे पर लकीरें खिंच गईं और उन पर पसीने की बूँदें चमकने लगीं। उन्हें एक अजीब सी घबराहट होने लगी। उन्होंने अनुभव किया कि उनके पाँव काँप रहे हैं। वह जहाँ खड़े थे, वहीं बैठ गए।

गाड़ी ने रफ्तार पकड़ ली।

मुकुंद दो दिन तेज बुखार में पड़े रहे। तीसरे दिन तबीयत कुछ ठीक होने पर, सुबह-सुबह बिस्तर पर ही अखबार फैलाकर पढ़ने लगे। उनकी पत्नी सरला ने उन्हें वहीं चाय ला दी। चाय की चुस्की लेते हुए, मुकुंद ने अखबार का पन्ना पलटा।

पन्ने पर उस लड़की की तसवीर थी, सफेद दुपट्टे पर गहरे गुलाबी फूल, हू ब हू वही। वह चिहुँककर बैठ गए। कमरा अचानक गुलाबी खुशबू से भर गया। तभी छपे अक्षरों पर नजर गई, तसवीर के ऊपर मोटे अक्षरों में छपा था—बिरादरी से बाहर प्रेम-संबंधों से नाराज बाप ने बेटी को गोली मारी।

कमरा बदबू से भर गया। चारों तरफ ठहरे पानी की सड़न।

इसके आगे के समाचार पर चाय फैल गई थी। उससे आगे बस इतना ही पढ़ा जा सका कि कोसी से होडल के बीच रेलवे ट्रैक से लड़की की लाश बरामद की गई।

लागी करेजवा में फाँस...

गली के हर खिड़की-दरवाजे से झाँकती आँखें मनोहर की पीठ पर चस्पाँ हो गई थीं। गली सँकरी होने के कारण, पुलिस की जीप अंदर नहीं आ सकी थी। उनके दोनों हाथ पुलिस वालों ने कसकर पकड़ रखे थे। एक साँवला, मझोले कद का, बड़ी आँखों वाला इंस्पेक्टर भीड़ को हटाता हुआ आगे चल रहा था। मनोहर के पीछे भी तीन हवलदार चल रहे थे, जिनमें एक महिला भी थी।

मनोहर ने आज छह साल बाद अपनी गली में कदम रखा था। गली के मकानों का रंग-रोगन बदल चुका था। उनके बेटे के साथ गली में निक्कर पहनकर क्रिकेट खेलने वाले लड़कों की दाढ़ी-मूँछें निकल आई थीं। उनकी बेटी के साथ लँगड़ी, खो-खो और नागनगिप्पी खेलने वाली लड़कियों ने चुन्नी ओढ़नी शुरू कर दी थी। यह सब मनोहर काले गड्ढों में धँसी हुई अपनी आँखों से, न चाहते हुए भी देख रहे थे। वह रह-रहकर आँखों को जोर से बंद करके, बार-बार मिचमिचाते हुए खोल रहे थे, पर छह साल पहले का कोई भी पूरा दृश्य उनकी स्मृति, उनके आगे नहीं रख पा रही थी। वह कभी अपनी पत्नी को एकमंजिला मकान की छत पर सूखते कपड़ों को समेटते हुए देखते, कभी अपने बेटे को बिजली के तारों में फँसी पतंग को उतारने की कोशिश करते हुए, तो कभी अपनी बेटी को गली में डुगडुगी बेचने वाले को रोककर, डुगडुगी खरीदने की जिद करते हुए देखते।

बेटी तुनकते हुए उनके कुर्ते की बाँह पकड़कर खींच रही है।

हाँ, उस शाम का यह दृश्य उन्हें याद है। वह इसे पूरा देख सकते हैं। वह शायद सुन सकते हैं कि क्या कहके तुनक रही है, उनकी बिटिया। पर डुगडुगी बेचने वाला जोर से डुगडुगी बजा रहा है। डुगडुगी की आवाज तेज हो रही है। बिटिया की जिद फीकी पड़ रही है। अब बिटिया डुगडुगी नहीं माँग रही है। वह उसकी आवाज से डर रही है। डुगडुगी बेचने वाले की आँखें लाल हो गई हैं। वह और जोर से डुगडुगी बजाने लगा है...अनायास डुगडुगी फट गई है। डुगडुगी चुप हो गई है। दृश्य में से ध्वनि का लोप हो गया है। स्मृतियाँ धीरे-धीरे गली में तिर

रही हैं। मनोहर भाग रहे हैं। एक-एक स्मृति को पकड़ रहे हैं। अपनी जेबों में भर रहे हैं। लूट रहे हैं। डुगडुगी फिर बजने लगी है। अब उसका स्वर मनोहर के कानों को चुभ रहा है। उनके कान फोड़ रहा है।

अब मनोहर आँखें मिचमिचाते हुए उन्हें पूरा खोलने की कोशिश कर रहे थे। उनकी आँखों में दिन की रोशनी चुभ रही थी। वह बिना कुछ देखे, बस इतना समझ पा रहे थे कि यह डुगडुगी की आवाज नहीं थी। इंस्पेक्टर मनोहर के घर के दरवाजे की साँकल खड़का रहा था।

वह दरवाजा जिसे उनके इंतजार में खुला होना चाहिए था, वह बंद था। आज वह खटखटाने पर भी नहीं खुल रहा था। मनोहर सोच रहे थे कि छह साल के अंतराल के बाद उनकी बेटी तेरह और बेटा सोलह साल का हो गया होगा। कैसे दिखते होंगे वे अब? उन्हें तो गली में आकर उनके पैरों से लिपट जाना चाहिए था। पर वे गली में, दरवाजे पर, छत पर कहीं नजर नहीं आ रहे थे। मनोहर अपने घर की चौखट को आँखें फाड़-फाड़कर देख रहे थे। उनकी पत्नी कांता, जो उनको जाता हुआ देखकर, इसी चौखट पर खड़ी-खड़ी जड़ हो गई थीं, पथरा गई थीं। उन्हें तो चौखट पर खड़ा होना चाहिए था। पर वह वहाँ नहीं थीं। गली में कितना कुछ ऐसा था, जो होना चाहिए था पर नहीं था। अब इंस्पेक्टर दरवाजा खड़का नहीं रहा था, पीट रहा था। उसकी आँखें लाल हो गई थीं।

तभी धीरे से दरवाजा खुला।

दरवाजा खोलने वाली मनोहर की पत्नी कांता ही थीं। दरवाजे के खुलते ही इंस्पेक्टर ने उनकी देह को अपनी लाल, उभरी हुई बड़ी-बड़ी आँखों से भीतर तक स्केन कर डाला। ऐसे में कांता को काँप उठना था, उन्हें आँखें झुका लेनी थीं, पर उनकी आँखें स्थिर हो गई थीं। वे कांता की आँखें थीं ही नहीं। वे किसी मरी हुई मछली की स्थिर हो चुकी आँखें थीं, जिन्होंने आखिरी बार कोई काँटा, कोई जाल या फिर पानी में करंट छोड़ता कोई बिजली का तार देखा था, उन आँखों में आखिरी बार देखे गए दृश्य के डर की छाया स्पष्ट देखी जा सकती थी।

इंस्पेक्टर ने मनोहर को घूरा और फिर धीरे से गुर्राते हुए कहा, "कल इसी वक्त, ठीक चौबीस घंटे बाद, निकलेंगे यहाँ से। एक लेडी कॉन्स्टेबल अंदर रहेगी और दो आदमी बाहर। एक आदमी गली के मोड़ पर भी तैनात रहेगा। कोई चालाकी की तो फाँसी के लिए मुकर्रर समय से पहले ही गोली मार दूँगा।" यह सुनकर भी कांता की स्थिर हो चुकी आँखों में कोई भाव नहीं उभरा था। वे अब

भी अतीत में ठहरी हुई आँखें थीं।

चौबीस घंटों के लिए मनोहर के घर और गली में पहरा बिठा दिया गया था। घर के दरवाजे बंद हो गए थे। उस एकमंजिला मकान में दो कमरे, एक आँगन, एक चौका और एक छोटा सा गुसलखाना था। आगे के कमरे में कोने में एक पुराना टेलीविजन रखा था, जिसे महिला कॉन्स्टेबल ने किसी से बिना पूछे ही चला दिया था। वह किसी दक्षिण भारतीय भाषा का फिल्मी चैनल देख रही थी, जिस पर दिन की रोशनी में आतंकित कर देने वाला, नाभिउघाड़ नृत्य चल रहा था।

मनोहर आगे के कमरे से निकलकर आँगन में आ गए थे। आँगन में उनके दाईं ओर पहले गुसलखाना और उससे लगा हुआ चौका था। चौका और गुसलखाना दोनों इतने दिनों में जरा भी नहीं बदले थे। पर आँगन के एक कोने में लगी पीतल की टोंटी काली पड़ गई थी। शायद अब उसका इस्तेमाल बंद हो गया था। मनोहर गर्मियों के दिनों में काम से लौटकर इसी पीतल के नल के नीचे बाल्टी लगाकर, खूब मल-मलकर नहाया करते थे। उसी समय बच्चे लोटों में पानी भरकर आसमान में उछालते और जोर-जोर से चिल्लाते, ''बारिश आ गई, बारिश आ गई।'' यदि ऐसा करते हुए कभी सच में आसमान से बूँदें गिरने लगतीं, तो वे तालियाँ बजाकर नाचने लगते। चौके में खड़ी, रात के खाने की तैयारी करती कांता, उन्हें देख-देखकर खूब हँसतीं। नल, बाल्टी, लोटा, चौका, गुसलखाना, आँगन सब जी उठते।

...पर आज ये सबके सब किसी अजनबी की तरह एकटक उनकी ओर देख रहे थे। वे सब उन्हें भूल चुके थे। वे सब उनके बिना रहना सीख चुके थे। पीतल की टोंटी के ऊपर एक पुराना, फ्रेम किया हुआ शीशा टँगा था। मनोहर उसके सामने खड़े, उसमें अपना चेहरा ढूँढ़ रहे थे। पर उसमें जो चेहरा वह देख रहे थे, उसे ठीक से वह स्वयं भी नहीं पहचानते थे।

मनोहर बदल चुके थे। उन्हें फाँसी की सजा सुनाई जा चुकी थी। उन पर अपने मालिक के कत्ल का आरोप था, जो कि अब अदालत में सिद्ध हो चुका था। पुलिस और कानून के मुताबिक उन्होंने अपने मालिक गिरधारी के शरीर के, एक गँड़ासे से कई छोटे-छोटे टुकड़े करके, उन्हें एक बड़े बैग में भरकर यमुना में फेंक दिया था। मनोहर के अपराध को 'रेयरेस्ट ऑफ द रेयर' अर्थात् जघन्य और बर्बरतापूर्ण तरीके से किए गए अपराधों की श्रेणी में रखा गया था। निचली अदालतों में उनके इस अपराध के लिए उन्हें फाँसी की सजा सुनाई गई थी, जिसे

उच्च न्यायालय ने अपने निर्णय में बरकरार रखा था। न्यायालय के अपना फैसला सुनाने से पहले प्रतिपक्ष के वकील ने अदालत में एक विशेष टिप्पणी भी की थी, जिसमें कहा गया था कि मनोहर जैसे अपराधियों को कड़ी से कड़ी सजा देना इसलिए भी जरूरी हो जाता है, जिससे कि नौकरों, कामगारों में कानून का भय बना रहे और रोजगारदाताओं का कानून और सुरक्षा में विश्वास। यह नई और तेजी से बदलती हुई अर्थव्यवस्था के लिए निहायत जरूरी है।

इस मुकदमे का एक दूसरा पक्ष भी था और वह था मनोहर का। उसका दावा था कि वह बेकसूर है और उनके मालिक गिरधारी की हत्या उन्हीं के भाई बाँकेबिहारी ने उनकी संपत्ति और व्यवसाय को हड़पने के लिए की थी। पर मालिक, मालिक था और नौकर, नौकर। सो सभी को नौकर की नीयत पर ही शक था। मनोहर थे भी लंबी कद-काठी के, तेज-तर्रार, बात-बात पर गुस्सा हो जाने वाले बिहारी, एक विस्थापित किसान। शायद इसीलिए कानून और समाज के सामने मनोहर एक हत्यारे साबित हो चुके थे। पुख्ता सबूतों और लंबे समय तक टिके रह सकने वाले गवाहों के अभाव और प्रतिपक्ष की दौलत और रसूख के आगे मनोहर का पक्ष किसी रेत के किले-सा ढह गया था। वह केस हार गए थे। उन्हें फाँसी हो गई थी। आखिरी तारीखों में अपना केस उन्होंने खुद लड़ा था। शायद वह शुरुआत से ही जानते थे कि वह एक हारी हुई लड़ाई लड़ रहे थे। इसीलिए उच्च न्यायालय के फैसले के बाद उन्होंने आगे अपील न करने का मन बना लिया था।

आज वह आखिरी बार अपने घर अपनी पत्नी कांता, बेटे मुकुल और बेटी नित्या से मिलने आए थे। वह इन सालों में सबके लिए जीवित होकर भी उनके आसपास कहीं नहीं थे। उनकी स्मृति में भी उनका घर, उनका परिवार, उनके बच्चे कुछ भग्न-सी बनती-बिगड़ती मूर्तियों के रूप में ही शेष रह गए थे। वह शायद उनके सहारे अपनी मृत्यु से पहले अपने आप को अपने जीवित होने का अहसास करा रहे थे।

मनोहर ने एक नजर उस आसमान पर डाली, जो आसपास के मकानों के उनकी छत से चार-पाँच मंजिल ऊपर उठ जाने से सिकुड़कर छोटा हो गया था फिर वह आँखें मिचमिचाते हुए भीतर वाले कमरे में दाखिल हो गए। कमरे के एक कोने में एक पुराना लकड़ी का पलंग पड़ा हुआ था, जिसकी पॉलिश जगह-जगह से उधड़ गई थी। सामने की दीवार पर उनकी और उनकी पत्नी की तस्वीर टँगी

थी। यह उनकी शादी के समय की तसवीर थी। दीवार की सीलन ने तसवीर में उतरकर उसे पीला कर दिया था। इस तसवीर में वह नीला कोट पहने हुए थे। वह सोच रहे थे कि इन सालों में उनका वजन बहुत कम हो गया है। वह वैसे ही पतले हो गए हैं जैसे अपनी शादी के समय पर थे। कहाँ है यह नीला कोट? वह कल, हाँ कल, पुलिस के साथ घर से जाते वक्त, यही कोट पहनकर निकलेंगे अपने घर से, पर उनके जूते, वे तो एकदम बदरंग हो चुके हैं। वह कल सुबह पॉलिश करके चमका देंगे उन्हें। पॉलिश, पॉलिश तो होगी घर में। काली पॉलिश की डिब्बी। बच्चे स्कूल जाते वक्त अब भी चमकाते होंगे, अपने जूते। पहले वह खुद अपने हाथों से चमकाते थे, बच्चों के जूते। वह आज भी चमका सकते हैं, बच्चों के जूते, पर बच्चे। 'कहाँ हैं बच्चे?' वह धीरे से बुदबुदाए। कांता ने उनके हाथ में चाय का कप पकड़ाते हुए कहा, "दो बजे आएँगे।" इस छोटे से वाक्य के बाद उन्होंने एक लंबी साँस ली। मनोहर ने घर में आने के बाद पहली बार अपनी पत्नी को ध्यान से देखा। वह जैसे हवा में घुल गई थीं। उनकी चंदन-सी देह इस कठिन समय से रगड़कर, घिसकर एक पतली छिपट भर रह गई थी। पर महक, महक तो चंदन की छिपट में भी होती है, सो थी। शायद बहुत थोड़ी सी बची थी, जो कमरे के कोने में पड़े पलंग पर बिछी चादर में छुपी थी। जिसे मनोहर धीरे-धीरे चाय पीते हुए महसूस कर रहे थे।

कांता दीवार से टिकी खड़ी थीं।

वह मनोहर को, या चाय को, या फिर दोनों को देख रही थीं। मनोहर ने देखा कांता की स्थिर आँखें धीरे-धीरे हिल रही थीं। उनकी पलकें झपक रही थीं। वह अपने भीतर से आँसुओं जैसी किसी चीज को खींचकर उनसे भीग जाना चाहती थीं। पर आँखें शुष्क थीं। पानी कहीं भी नहीं था, न नल में, न बाल्टी में, न आँखों में।

पानी सूख गया था।

समय रेतघड़ी की रेत-सा कांता की आँखों से रिस रहा था। वह तेजी से सरकते इस समय में अपनी उम्र के तमाम दिन-रात, महीने और साल टटोल रही थीं। उन्होंने अनायास ही सरकते समय में से एक दिन को जोर से पकड़ लिया। वह बिलकुल साफ देख पा रही थीं। उन दिनों इस पलंग की पॉलिश, जिस पर मनोहर बैठे थे, बिलकुल नहीं उधड़ी थी। वह उस पर चादर बिछा रही हैं। वह

झुककर उसकी सिलवटें दूर कर रही हैं। अभी चादर की सिलवटें मिटी भी नहीं हैं, अभी चादर ठीक से बिछी भी नहीं है कि मनोहर उस पर लेट गए हैं। वह उनसे गुस्सा हो रही हैं। मनोहर ने उनका हाथ पकड़कर अपने पास खींच लिया है। चादर में असंख्य सिलवटें पड़ गई हैं। अब चादर मनोहर और कांता की देह पर बिछ गई है। चादर धीरे-धीरे नम हो रही है।

कांता अतीत में जाकर, पलंग पर बिछी चादर को निचोड़ लेना चाहती थीं। वह मन ही मन उसे जोर से निचोड़ रही थीं, पर उसमें अब जरा सी भी नमी नहीं थी।

पानी सचमुच सूख चुका था।

तभी आगे के कमरे में चलते टी. वी. का वॉल्यूम तेज हो गया। अब महिला कॉन्स्टेबल कमरे में पड़े तख्त पर लेट गई थी। टी. वी. पर कोई भारी-भरकम देह वाली नायिका दुलत्ती झाड़ती हुई कूद रही थी। नहीं, शायद वह नाच रही थी। टी. वी. के शोर के बीच से रास्ता बनाती कोई आवाज भीतर वाले कमरे में पहुँच रही थी। कांता के हाथों से एक बीता हुआ दिन, उसकी स्मृति अनायास ही फिसल गई थी। शोर के बीच से एक आवाज फिर से आ रही थी। कांता इसे अच्छे से पहचानती थीं। बच्चे स्कूल से लौट आए थे। वह अपने ही घर का दरवाजा डरते हुए, धीरे-धीरे खटखटा रहे थे। कांता आगे के कमरे में आ गईं, पर उनके दरवाजा खोलने से पहले ही महिला कॉन्स्टेबल ने उठकर दरवाजा खोल दिया।

बच्चों के मन में उठते प्रश्नों की छाया किसी ग्रहण की तरह उनके चेहरों पर उतर आई थी। कांता उन्हें मनोहर के पास भीतर वाले कमरे में ले जाना चाहती थीं, पर बच्चे आँगन में आकर ठिठक गए थे। मनोहर भीतर बैठे उनकी उपस्थिति महसूस कर रहे थे। वह उन्हें गले लगा लेना चाहते थे, उनसे लिपटकर रो पड़ना चाहते थे, पर उनके घुटने जाम हो गए थे। वह बहुत कोशिश करने पर भी अपनी जगह से हिल भी नहीं पाए थे। कांता बच्चों को लेकर कमरे में आ गई। बच्चे कमरे में आकर मनोहर के दोनों ओर पलंग पर बैठ गए। उनके दाईं तरफ बेटी नित्या और बाईं तरफ बेटा मुकुल। उनके जूतों पर धूल जमी थी। मनोहर को उन पर पॉलिश करनी थी। उन्हें नित्या को डुगडुगी और मुकुल को पतंग दिलानी थी। उन्हें उन दोनों से कुछ पूछना भी था। पर वही बात, जो पूछनी थी, मनोहर भूल गए थे। बच्चे अलग-अलग दिशाओं में ताक रहे थे। मनोहर अपनी स्मृति से उनके चेहरे निकालकर उनके किशोर होते चेहरों से मिला रहे थे। शायद वह उनके

चेहरों को अपने चेहरे से भी मिला रहे थे। मनोहर ने दोनों के हाथों को पकड़कर उनके हाथ की रेखाओं को पढ़ना चाहा था, पर बच्चे हाथ छुड़ाकर आँगन में आ गए। मनोहर भी उठकर कमरे से बाहर आ गए। बच्चे जैसे वहीं खड़े-खड़े घुल जाना चाहते थे। बच्चे बिना मनोहर की ओर देखे आँगन से पीछे वाले कमरे की छत पर जाने वाली सीढ़ियाँ चढ़ गए। मनोहर बिना कुछ बोले चुपचाप कमरे में आकर जमीन पर पड़े एक अखबार के टुकड़े को उठाकर पढ़ने लगे। उधर छत पर खड़े बच्चे आसपास की छतों से छिपकर झाँकते बच्चों की नजरों से बच रहे थे। मनोहर कमरे में बैठे उस पुराने अखबार के टुकड़े में पीछे छूट चुकी तमाम खबरों को पढ़ने की कोशिश कर रहे थे, पर उसमें छपी भाषा जैसे वह भूल चुके थे। अब वे अक्षर, उनसे बनने वाले शब्द, उनके लिए कोई अर्थ नहीं रखते थे।

मनोहर बहुत सोचकर कुछ बोलना चाहते थे। बीते समय के दुःख-दर्द का कांता की आँखों में जायजा लेना चाहते थे। वह टटोलना चाहते थे—अपनी पत्नी, अपने बच्चों के भीतर बची रह गई उस जगह को जिसमें कहीं थोड़ी सी मात्रा में वह भी बचे रह गए थे। पर शायद जहाँ वह खड़े थे वहाँ से उस जगह पहुँचने के सारे पुल इस बीच ढह चुके थे। कुछ बोलने की कोशिश में उनकी जुबान भारी हो गई थी। उनका मुँह सूख गया था। उन्हें लगा बहुत कोशिश के बाद उन्होंने कांता से कुछ कहा है। पर वह वो नहीं था जो वह कहना चाहते थे। उनके मुँह से जो निकला था, उसके जवाब में कांता ने उनके आगे पानी का गिलास लाकर रख दिया था। आँगन की दीवारों पर धूप धीरे-धीरे ऊपर की ओर खिसकने लगी थी। वह जो आखिरी दिन बिताने अपने घर आए थे, वह बीत रहा था। उनके चाहते, न चाहते रात उतर रही थी। आँगन में अँधेरा हो रहा था।

कांता ने आज कुछ जल्दी ही रात का खाना निपटाकर सबके सोने की व्यवस्था कर दी थी। मनोहर पलंग पर लेटे छत को ताक रहे थे। कांता बच्चों के साथ जमीन पर लगे बिस्तर पर लेटी थीं। लगता था जैसे सब सो गए हैं, पर रात किसी काँटे की नोक से भिदी जाग रही थी। रह-रहकर लगता था कोई रो रहा है। पर कौन? सभी तो आँखें बंद किए निःशब्द पड़े थे। रात, चारों पहर, एक अदृश्य काँटे से छूटने की कोशिश में छटपटाती रही थी। पर कोई भी उसे काँटे की नोक से उतारकर बिस्तर पर नहीं रख सका था। सुबह हुई तो सभी की आँखों में रात की खराशें लाल डोरों-सी तैर रही थीं।

बच्चे तय समय पर स्कूल जाने के लिए तैयार हो गए थे। कांता कई

सहस्राब्दियों से अपनी नियत कक्षा में चक्कर लगाते किसी ग्रह की तरह आँगन, चौके और गुसलखाने के बीच घूम रही थीं। मनोहर इस सबसे बाहर खड़े, हजारों मील की दूरी से यह दृश्य देख रहे थे। थोड़ी देर में बच्चे स्कूल के लिए निकल गए थे। उन्होंने जाते हुए आखिरी बार चोरी से नजर उठाकर मनोहर की तरफ देखा था, शायद वह उनके न रहने के असर को भीतर ही भीतर नापकर, अपने आप को आने वाले समय के लिए तैयार कर रहे थे, पर मनोहर यह सब घटता हुआ नहीं देख सके थे। बच्चों के जाते ही धीमे स्वर में होने वाली बातचीत जो बच्चों और कांता के बीच कभी-कभी फूट पड़ती थी, वह भी थम गई थी। मनोहर ने कुछ भी कहने की अपनी कोशिश छोड़ दी और चुपचाप गुसलखाने में चले गए। कांता अभी भी आँगन और कमरे में भीतर-बाहर हो रही थीं। वह कोई अदृश्य काम में लगी थीं, जो खत्म ही नहीं हो रहा था। मनोहर गुसलखाने में नहाने लगे थे। वह अपने शरीर को रगड़कर उसमें से कुछ छुटा रहे थे, शायद वह बीता हुआ समय ही था, जिसे वह अपनी देह से धो डालना चाहते थे। आज उन्होंने बहुत समय लगाकर दाढ़ी बनाई थी, कई बार रेजर चलाया था, पर वह जिस चेहरे को निकालना चाहते थे, वह नहीं निकल रहा था। वह जिसे धो डालना चाहते थे, वह उनको नहीं छोड़ रहा था।

कांता ने उनके लिए नाश्ता लगाकर कमरे में पलंग के आगे स्टूल पर रख दिया था। वह निष्प्रभ भाव से कांता को देख रहे थे। वह सोच रहे थे शायद कांता के भीतर सूख चुका सोता अचानक ही फूट पड़ेगा, वह रो पड़ेंगी, उनके मुँह से निकले शब्द आखिरी वक्त तक उनके साथ रहे आएँगे। पर कांता के होंठ पाषाण में बदल चुके किसी पुरातन कथानक के चरित्र के होंठ थे, जिसके बारे में कई कहानियाँ कही जा सकती थीं, कई कयास लगाए जा सकते थे, पर उसके उन होंठों के बीच से कोई शब्द प्रस्फुटित नहीं हो सकता था। बड़ी सजीव प्रतिमा थी, पर सदियों से खामोश, लगता था अभी बोल पड़ेगी, पर मनोहर जानते थे प्रतिमाएँ नहीं बोलतीं। वह नहीं बोलेगी।

मनोहर कपड़े पहनकर तैयार हो गए थे। उन्होंने अपने जूतों को खूब समय लगाकर, अच्छे से चमकाया था। उनका नीला कोट उन्हें अलमारी में कहीं नहीं दिखा था। उन्होंने अलमारी में बच्चों के कपड़ों को, उसमें कुछ ढूँढ़ने के बहाने धीरे से ऐसे सहलाया, जैसे वह बच्चों के सिर पर हाथ फेर रहे थे। हाँ, इसी अलमारी के एक कोने में उन्हें कांता की एक पुरानी मोतियों की माला दिखाई

दे रही थी। इस अलमारी में बीते हुए समय की सुगंध थी। वह जोर से साँस खींच रहे थे। वह इसे साथ ले जाना चाहते थे। नहीं, शायद वह यहीं रह जाना चाहते थे। इसी गंध के साथ। यह संभव नहीं था। वह यहीं मर जाना चाहते थे। वह सोच रहे थे, हाँ, यह हो सकता था। वह यहाँ मर सकते थे।

तभी किसी ने दरवाजा खटखटाया।

मनोहर ने अलमारी बंद कर दी, अलमारी के भीतर की सुगंध उन्होंने अपने फेफड़ों में भर ली थी। अब वह जाने से पहले आखिरी बार कांता को देख रहे थे। कांता की आँखें फिर स्थिर हो गई थीं।

मनोहर बार-बार अपनी कलाई पर बँधी घड़ी देख रहे थे। तभी बाहर के कमरे से महिला कॉन्स्टेबल ने आवाज दी। मनोहर के जाने का समय हो चुका था। मनोहर ने कांता को फिर से देखा और अपने दिमाग पर बहुत जोर डालकर सोचा, वह क्या बात थी, जो चलते हुए उन्हें कांता से कहनी थी। वह अभी सोच ही रहे थे कि उनके मुँह से निकला, 'अरे जरा देख तो, ये घड़ी बंद तो नहीं हो गई?'

कांता की नजरें कमरे के फर्श पर टिकी थीं। मनोहर के जूते धीरे-धीरे सरकते हुए कमरे से बाहर चले गए थे। अब जूते कमरे में नहीं थे। कांता जूतों की जगह पर खड़े रह गए मनोहर के पैरों को देख रही थीं। छह साल पहले ऐसे ही वह उन पैरों को देखती रह गई थीं, जब पुलिस मनोहर को बिना उनकी कोई बात सुने उठाकर ले गई थी। कांता मनोहर की कलाई में बँधी घड़ी की टिक-टिक को सुनने की कोशिश कर रही थीं। वह उस आवाज को सुन पा रही थीं, वह आवाज जोर-जोर से उनके भीतर बज रही थी। एक खटाक की आवाज से किसी ने बाहर का दरवाजा भेड़ दिया था।

बाहर के कमरे में अब टी. वी. नहीं चल रहा था।

कांता के भीतर से राग अहिर भैरव में उठता एक स्वर धीरे-धीरे तिरता हुआ घर के सन्नाटे को बहुत बेदर्दी से चीर रहा था, 'लागी करेजवा में फाँस, लाख जतन करूँ निकसत नाहिं...निकसत नाहिं...' कांता को लगा वह स्वयं गा रही हैं। वह गाते-गाते आँगन में लगे नल की पीतल की टोंटी खोलकर नहा रही हैं। वह देख रही हैं धरती से आसमान तक पानी ही पानी है, पर उसकी एक भी बूँद उन्हें भिगो नहीं पा रही है।

...पानी सूख गया था।

काली पहाड़ी

सूरज के अपने समय पर डूबने और निकलने से, कहीं दिन-रात, महीने और साल भी बदलते रहे होंगे, पर धड़मौच से पंद्रह किलोमीटर दूर घने जंगलों में आदिवासी टोला जिस पहाड़ी पर छिपा बैठा था, वहाँ समय टकटकी लगाए स्वयं को देख रहा था, उसकी पथराई आँखें झपकना भूल चुकी थीं। वह पहाड़ी देश, दुनिया, यहाँ तक कि अपने समय से भी कट गई थी। वह किसी ब्लैक होल में समाने के लिए किसी अज्ञात शक्ति से खिंची चली जा रही थी। पहाड़ी का आकार सिकुड़ता जा रहा था। उस पर बैठे लोग किसी गर्त में डूबे जा रहे थे। आश्चर्य! ऐसे भयावह समय में वे रोना, चीखना, चिल्लाना भूल गए थे बल्कि जीवन से मुक्त होने के विचार भर से उनके चेहरे खिल उठे थे। उनकी आँखों में एक चमक थी। वे एक-एक कर ऐसे अंधे कुएँ में डूब रहे थे, जिसमें सैकड़ों सूरज मिलकर भी रोशनी का एक रेशा तक नहीं तैरा सकते थे। विश्रांत अनल उस पहाड़ी के चारों तरफ बेतहाशा भाग रहे थे। वह पेड़ों, पत्थरों, चट्टानों, छोटी-बड़ी झाड़ियों को पकड़कर उस पहाड़ी को, उस पर बैठे लोगों को बचाने की आखिरी कोशिश कर रहे थे। पर उनके हाथ कुछ नहीं आ रहा था। इस कोशिश ने उन्हें लहूलुहान कर दिया था।

अचानक विश्रांत अनल के घर का दरवाजा किसी ने बड़ी जोर से खटखटाया। इतनी जोर से कि कई घंटों से लगभग बेहोश पड़े विश्रांत हड़बड़ाकर उठ बैठे। वह अपने भयावह सपने के टूटने पर भी उससे बाहर निकलने में बहुत कठिनाई महसूस कर रहे थे। दरवाजा खोलने में उनके घुटने और टखने की हड्डियाँ कई बार चटक गईं। बाहर गर्मियों की दोपहर का भयावह सन्नाटा था। दरवाजे के खुलते ही कमरे के भीतर का भभका बाहर चलती लू से जा मिला। उनकी लगभग झपकना भूल चुकी लाल आँखें अपने आसपास किसी अनिष्ट को तलाश रही थीं, पर बाहर कोई नहीं था।

दरवाजे के सामने एक पुराना लिफाफा पड़ा था, जिस पर विश्रांत अनल का

नाम लिखा था। उन्होंने उसे उठाकर दरवाजा बंद कर लिया।

वह लिफाफा खोलना चाहते थे पर उनके हाथ लगातार काँप रहे थे। उनकी आँखें किसी चीज पर ठहर नहीं रही थीं। उन्हें हर चीज किसी चकरी की तरह लगातार घूमती हुई लग रही थी।

वह जिस पहाड़ी को बचाने के लिए अपने सपने में भागे जा रहे थे, दरअसल वह पहाड़ी, उस पर बैठे लोग, वह सब कुछ इस तरह अनायास ही उनके सामने आया था कि वह अभी तक विश्वास नहीं कर पा रहे थे कि वह स्वयं उस पहाड़ी पर थे और अब वहाँ से लौटकर अपने कमरे में आ गए थे। अभी भी वह पहाड़ी जो उनके कसबे पनरबा से अठारह किलोमीटर दूर बसे गाँव धड़मौच से लगभग पंद्रह मील दूर टेढ़े-मेढ़े, कच्चे, दुर्गम रास्तों से गुजरने के बाद मिलने वाले घने जंगलों के बीच अकेली खड़ी थी, जहाँ पैदल ही पहुँचा जा सकता था, उन्हें अपनी ओर खींच रही थी। वह जानते थे कि उस पहाड़ी तक का रास्ता वही तय कर सकता था जो जंगलों की, पेड़ों की, जानवरों की, वहाँ के हवा-पानी और झरनों की मूक भाषा को, संकेतों और चिह्नों को पढ़ और समझ सकता हो। जो हजारों प्रकाश वर्ष दूर चमकते सूरज की पृथ्वी पर पड़ती किरणों और घने जंगलों में पेड़ों के तनों पर रेंगती चींटियों की कतारों के संबंध को पहचानता हो।

विश्रांत अनल का उस पहाड़ी पर पहुँचना, उस जगह के तिलिस्म को समझना और यह विश्वास कर पाना कि यह पहाड़ी उन्हीं के प्रदेश में, उनके जिले के बीचोबीच, उनके कसबे से कुछ मील की दूरी पर है, लगभग वैसा ही था, जैसे किसी खगोलशास्त्री के लिए पृथ्वी जैसा ही कोई ग्रह अपनी ही आकाशगंगा में खोज निकालना। आदिवासियों के लिए लंबे समय से काम करते हुए भी वह यह नहीं जान पाए थे कि उनके कैंप से इतनी कम दूरी पर घने जंगलों के बीच एक आदिवासी टोले के लोग अपने अस्तित्व की आखिरी लड़ाई लड़ रहे हैं। ...और इस लड़ाई में वे ठीक-ठीक यह भी नहीं जानते कि उनका शत्रु कौन है। ...पर वे लगातार लड़ रहे थे और अब यह लड़ाई सिर्फ उनके अपने लिए नहीं थी बल्कि उन जंगलों के लिए, उस तिलिस्मी दुनिया के लिए थी, जिसे उन्होंने सदियों से लगातार बदलती बाहरी दुनिया से बचाकर रखा था। आज जब चारों तरफ से एक साथ उनकी इस दुनिया पर, उनके जंगलों पर हमला हो रहा था तब उनके राज्य की सरकारें जंगलों को नीलाम करने की योजनाएँ बना रही थीं। हर बार सत्ता में आए मंत्रियों के चेहरों की चमक पुराने मंत्रियों के चेहरों की चमक से कुछ ज्यादा

ही होती थी। पर काली पहाड़ी के टोले के लोग मंत्रियों के चेहरों की चमक और धड़मौच के पास के जंगलों के बीच अंधकार में डूबी, सालों से रोशनी का इंतजार करती उस पहाड़ी का अंतर्संबंध अभी तक नहीं समझ पाए थे, पर शायद विश्रांत अनल इस संबंध को थोड़ा-बहुत समझ गए थे। वह आदिवासियों की मदद करते-करते ऐसी कुछ बातें जान गए थे जो उन्हें नहीं जाननी चाहिए थीं। आज वह जिस गहरे संकट से घिरे खड़े थे उसकी धमक तो उन्हें पिछले कई दिनों से अपने जीवन में सुनाई दे रही थी पर वह शायद धीरे-धीरे इसके आदी हो चले थे।

उनके आज के हालात को जानने से पहले यदि उनकी बात थोड़ा सा समय को पीछे खिसकाकर करें तो हम देखेंगे कि वह हमेशा से आदिवासियों के मुद्दों को लेकर गंभीर तो थे पर जैसे आज वह दिखाई देते हैं वैसे सनकी और जुनूनी नहीं थे, पर यह बात भी पक्की है कि वह अपने कॉलेज के दिनों से ही अपनी धुन के पक्के आदमी थे। मजबूत कद-काठी और साँवले रंग के, साफ और पारदर्शी आँखों वाले विश्रांत अनल के बारे में उनके समाजशास्त्र के प्रोफेसर तिवारी हमेशा कहा करते थे कि उनके व्यक्तित्व में झूठ और अन्याय को भस्म कर डालने की शक्ति है। बेशक राजनीतिक पार्टियों ने विचारधाराओं का अपने फायदे के लिए इस्तेमाल किया हो, बेशक आज क्रांति न हो सके, पर विश्रांत अनल जैसे लोगों की वजह से विचारधाराएँ जिंदा रहती हैं। वे उन लोगों में से हैं जो क्रांति के बीज बोते हैं, परिवर्तन का बिगुल फूँकते हैं। शायद प्रोफेसर तिवारी की इन बातों पर कुछ हद तक विश्रांत को भी भरोसा हो चला था। वे विचारधाराओं को किताबों से निकालकर अपने जीवन के रास्तों पर धरने लगे थे, उन्हें बरतने लगे थे, जीने लगे थे। उन दिनों अकसर विश्रांत अनल विश्वविद्यालय के पुस्तकालय में बैठकर विश्व भर की तमाम समाजशास्त्रीय अवधारणाओं के हवाले से भारतीय आदिवासियों की समस्याओं का हल ढूँढ़ते, शोधपत्र तैयार करते अपने सहपाठियों से खासी बहस कर लिया करते थे। और जब भी वह ऐसी बहसें करते तो लगता मानो उनका बिलकुल अपना, बेहद निजी बहुत कुछ स्टेक पर है और उसे बचाने के लिए वह यह अंतिम और निर्णायक लड़ाई लड़ रहे हैं। कुछ लोग उनके इस रूप को देख सहम जाते, कुछ उनसे किनारा कर लेते और कुछ उनके जज्बे की दाद देते, पर विश्रांत की बातों में दबी चिनगारियाँ जल्दी ही उन्हें डराने लगतीं और वे मौका मिलते ही वहाँ से खिसक लेते।

बस समझिए कि एक दिन ऐसी ही एक बहस ने उनका रास्ता अपने

सहपाठियों से अलग कर दिया बल्कि कहना होगा कि उनका पूरा जीवन ही बदलकर रख दिया। उन दिनों वह मास्टर ऑफ सोशल वर्क (एम. एस. डब्ल्यू.) के आखिरी वर्ष की पढ़ाई कर रहे थे। उन्हीं दिनों उनके राज्य की राजधानी कहे जाने वाले शहर के एक एन. जी. ओ., जो आदिवासियों पर एक अंतर्राष्ट्रीय स्तर की फिल्म बना रहा था और इसके लिए उसे अमरीका की एक कंपनी से लाखों अमरीकी डॉलर का फंड मिल रहा था, के विशेषज्ञों का एक दल, कुछ अमरीकी पर्यवेक्षकों के साथ आदिवासी इलाकों का दौरा करने तथा फिल्म की स्क्रिप्ट पर शोध करने के लिए उनके जिले में आया था। उस दल में कुछ सपाट और लंबे चेहरे वाले अमरीकी भी थे। विश्रांत को पहली नजर में ही वे अमरीकी किसी बड़ी रियलस्टेट कंपनी के एजेंट और दल के भारतीय विशेषज्ञ किसी लोकल कंपनी के सेल्समैन की तरह लगे थे, जो लगातार उन अमरीकियों के सामने आदिवासियों के बारे में अपने ज्ञान की भोंड़ी नुमाइश कर रहे थे। विश्रांत को भी इस दौरे में इस दल के साथ रहना था और वह औपचारिक परिचय के समय से ही इन सब विशेषज्ञों के बीच बहुत असहज महसूस कर रहे थे। अपने मन से तो शायद वह इस दल के साथ कभी न जाते, पर वह अपने समाजशास्त्र के प्रोफेसर तिवारी का आदेश टाल नहीं पाए थे और फिर उनके मन में भी कहीं न कहीं ऐसी कोई उम्मीद थी कि इस फिल्म के बनने से देश और दुनिया के लोगों को जंगलों की हकीकत का पता लगेगा, सरकारी तंत्र के झूठे दावों की अंतर्राष्ट्रीय स्तर पर पोल खुलेगी और इस सबसे आदिवासियों का कुछ भला हो सकेगा। शायद ऐसी ही किसी उम्मीद से बँधे विश्रांत उस दल के साथ एक एयर कंडीशंड बस में सवार होकर इलाके के दौरे पर चल दिए थे। दरअसल विशेषज्ञों के इस दल के साथ जाना तो उनके समाजशास्त्र के प्रोफेसर तिवारी को ही था पर ऐन मौके पर वह इसके लिए समय नहीं निकाल पाए थे। प्रोफेसर तिवारी खुद भी उस एन. जी. ओ. की सलाहकार समिति के वरिष्ठ सदस्य थे और उसी के खर्चे पर कई विदेश यात्राएँ कर चुके थे। अब यह उनके लिए कर्ज उतारने का समय था। उन्हें विश्रांत अनल की आदिवासियों के बारे में अर्जित जानकारी पर पूरा भरोसा था और इसीलिए वह उन्हें उस दल के साथ भेजकर निश्चिंत हो गए थे। पर वह यह नहीं जानते थे कि विश्रांत को उस दल के साथ भेजकर वह बहुत बड़ी आफत मोल ले रहे हैं। वह अपनी ही कही हुई बात भी भूल गए थे कि विश्रांत के व्यक्तित्व में झूठ और अन्याय को भस्म कर देने की शक्ति है। उन्हें ठीक से इस बात का भी अंदाजा नहीं था कि विश्रांत ने किताबों से बाहर की दुनिया में

सचमुच ही सच को अपना अमोघ शस्त्र बना लिया है, या कहें कि समझ लिया है। खैर, अब तो विश्रांत अनल दल के साथ अपनी यात्रा पर निकल चुके थे और घने जंगलों के बीच से गुजरते हुए तथाकथित शहरी विकास से दूर वन के लगभग अनछुए अंचल की ओर बढ़ रहे थे। बस में कोई अंग्रेजी धुन धीरे-धीरे बज रही थी। विश्रांत के आगे वाली सीट पर जंगल की वनस्पति और आदिवासियों के खान-पान के तरीकों के विशेषज्ञ डॉ. घंकोत्रा बैठे थे। वह अपने बगल की सीट पर बैठे अमरीकी को अपने मोबाइल में से आदिवासियों के नृत्य की वीडियो क्लिपिंग दिखा रहे थे। उनकी बगल की सीट पर बैठा पैनी नाक वाला अमरीकी बड़े कौतूहल से क्लिप देख रहा था। तभी वह बड़ी जोर चीखा, ''ओ माय गॉड, व्हाट दे आर अप टू।'' डॉ. घंकोत्रा उसकी प्रतिक्रिया देखकर और भी उत्साहित हो गए उन्होंने कहा, ''यू वेट अ मिनट, आइ विल शो यू द रियल स्टफ'' और उन्होंने दूसरी वीडियो क्लिप अपने मोबाइल पर प्ले कर दी। डॉ. घंकोत्रा के साथ बैठे अमरीकी का चेहरा लाल हो गया, उसकी आँखें चौड़ी हो गईं। वह पहले से दूने उत्साह से चीखा, ''याल! कम हीयर, यू जस्ट सी दिस।'' बस में आगे की सीट पर बैठा दूसरा अमरीकी जिसकी उम्र उन सबमें सबसे कम रही होगी, अपनी सीट से उठकर डॉ. घंकोत्रा की सीट के पास आकर खड़ा हो गया। अब वह भी मोबाइल पर चलती क्लिप को घूर रहा था। उसने थोड़े आश्चर्य के भाव चेहरे पर लाते हुए कहा, ''रियली वी आर गोइंग टू एक्सप्लोर आल दिस, ओन दिस ट्रिप।'' डॉ. घंकोत्रा आँखें नचाते हुए बोले, ''दिस इस नथिंग, वी हैव मच मोर फोर यू, यू जस्ट वेट एंड वाच।'' ऐसा कहते हुए उन्होंने उसे दिखाने के लिए मोबाइल थोड़ा ऊपर उठा दिया। अब मोबाइल पर चलती वीडियो क्लिप विश्रांत को भी दिखाई दे रही थी। क्लिप में एक नग्न आदिवासी महिला एक बंद कोठरी में एक दीये की हलकी सी रोशनी में बिना किसी संगीत के थिरक रही थी। कोठरी में दो आदमी खाकी शर्ट पहने हुए बैठे थे। उनकी पीठ कैमरे की तरफ थी। उनमें से एक के हाथ में टॉर्च थी जिसे वह महिला के शरीर के अलग-अलग हिस्सों पर डाल रहा था। महिला का चेहरा अँधेरे में डूबा था। जमीन पर रखे दीये की रोशनी महिला के चेहरे पर नहीं पड़ रही थी पर अँधेरे में भी उसके चेहरे पर लाल आँखें रह-रहकर चमक जाती थीं। पहले से ही दल के साथ बहुत असहज महसूस करते विश्रांत ने डॉ. घंकोत्रा से लगभग चीखते हुए कहा, ''प्लीज बंद करिए इसे।'' पर डॉ. घंकोत्रा का ध्यान उस क्लिप से ज्यादा योल के चेहरे की भाव-भंगिमाओं पर था। उसका चेहरा देखकर दल के दो-एक भारतीय सदस्य भी

उठकर डॉ. घंकोत्रा की सीट के पास आ गए थे। अब वहाँ बाकायदे पूरा मजमा लग गया था। तभी डॉ. घंकोत्रा ने कुछ ऐसे अंदाज में एक घोषणा की जैसे वह वहाँ उपस्थित सभी लोगों को बोनस बाँटने वाले हों। उन्होंने कहा, ''ऐसे नहीं, जिसे भी देखना हो अपने मोबाइल का ब्लू टुथ ऑन कर लो। मैं अभी इस कलेक्शन की बेस्ट क्लिप आपको ट्रांसफर करता हूँ। फिर यहाँ से आगे नेटवर्क नहीं मिलेगा। लोगों ने फटाफट अपने मोबाइल निकाल लिए, जो शर्म या झिझक में ऐसा नहीं कर सके वे दूसरों के मोबाइल स्क्रीनों को मुँह खोले ऐसे देखने लगे जैसे आसमान से अमृत की वर्षा होने वाली हो और वे उसकी एक-एक बूँद स्वाद ले-लेकर चाट लेने को तत्पर हों। डॉ. घंकोत्रा मोबाइल से वीडियो क्लिप ट्रांसफर करने लगे। कुछ लोग अपने मोबाइल हाथ में लिए आँखें फाड़े वीडियो क्लिप के उनके मोबाइल पर रिसीव होने का इंतजार करने लगे और कुछ मुस्कराते हुए शीशे से बाहर देखने लगे। तभी एक्सीलरेटर की तेज आवाज के साथ बस रोड से उतर गई। सभी ने घबराकर ड्राइवर की ओर देखा। जब बस में बैठा विशेषज्ञ दल ब्लू टुथ के माध्यम से अपने मोबाइल स्क्रीनों पर अमृतवर्षा का इंतजार कर रहा था तभी विश्रांत जिन पर किसी का ध्यान नहीं था अपनी सीट से उठकर ड्राइवर की सीट के पास जा पहुँचे थे और जब उनके कहने पर भी उसने बस नहीं रोकी तो उन्होंने ड्राइवर की बाँह उमेठकर गाड़ी के स्टियरिंग को मोड़कर उसे सड़क से नीचे उतार दिया था। बस घर्र-घर्र की आवाज के साथ बंद हो गई थी। ड्राइवर कुछ कर पाता इससे पहले ही विश्रांत ने बस की चाबी निकाल ली थी और वह आगे के दरवाजे से कूदकर नीचे उतर गए थे। दल के सदस्यों के चेहरों पर पसीने की बूँदें चमक रही थीं, उनके चेहरों को देखकर लगता था कि उन सभी का रक्तचाप अचानक ही बढ़ गया था। याल जो उम्र में सबसे छोटा था जोर-जोर से चिल्ला रहा था, ''व्हाट द हेल इज दिस, मैन, हू आर यू?'' डॉ. घंकोत्रा ने मौके की नजाकत को भाँपते हुए अपना मोबाइल अपनी पैंट की चोरजेब में छुपा लिया था।

कुछ लोग बस से उतरकर विश्रांत को मानवाधिकार, विदेशी मदद और अंतर्राष्ट्रीय बाजार में आदिवासियों के जीवन को करीब से देखने की उत्सुकता में बढ़ते पर्यटन उद्योग आदि से जुड़ी कुछ बातें समझा रहे थे। पर विश्रांत के कानों में जैसे कई सायरन एक साथ बज रहे थे। उन तक कोई आवाज नहीं पहुँच रही थी। वह अचानक उन्हें समझाने की कोशिश करती भीड़ से छिटककर दूर हो गए थे। वह अब सड़क के बीचोबीच खड़े होकर जोर-जोर से आसमान की ओर

देखकर बड़बड़ा रहे थे। वह मानो पूरे विश्व की सभ्यताओं को संबोधित कर रहे थे। वह कह रहे थे, "तुम लोगों के दिमाग में इतनी सीधी और मामूली सी बात क्यों नहीं घुसती कि आदिवासी भी हमारी-तुम्हारी तरह हाड़-मांस के इनसान हैं। उन्हें भी सर्दी-गर्मी, सुख-दुःख और भूख-प्यास का अहसास है। तुम्हारे लिए वे भले ही किसी गिनती में न आते हों, पर वे भी इसी धरती पर रहने वाले हमारी ही प्रजाति के जीव हैं, दे आर होमोसेपियंस टू...वे किसी अभयारण्य, किसी राष्ट्रीय उद्यान, किसी चिड़ियाघर में सुरक्षित बसा दिए जाने वाले जानवर नहीं हैं।" विश्रांत अनल की आँखें चौड़ी हो गई थीं। बोलते हुए उनका गला सूख गया था। आवाज फटने लगी थी। लोग उनके इस दुस्साहस पर आश्चर्यचकित थे। जो कुछ भी वह कह रहे थे वह वहाँ खड़े उनकी बातें सुन रहे लोगों के लिए नया नहीं था। पर इस तरह किसी ने कभी सरेआम इन बातों को जुबान पर लाने की हिम्मत नहीं की थी। विश्रांत अनल अभी भी बोले जा रहे थे, "इस जंगल के हजारों रहस्य इन आदिवासियों के सीने में दफन हैं, ये जंगल इनकी बदौलत आज तक बचे हुए हैं। लौट जाओ यहाँ से। ये सब बिकाऊ नहीं हैं।" उनकी आवाज बोलते-बोलते दरकने लगी थी। वह अपनी फटी हुई आवाज में चिल्ला रहे थे, "मैं तुम सबकी तरह इन जंगलों का दलाल नहीं हूँ।" विश्रांत की आँखों के आगे अँधेरा छा रहा था। बस के ड्राइवर और कुछ स्थानीय लोगों से बाद में पता चला था कि दल के सभी सदस्य विश्रांत को सड़क पर उसी तरह बड़बड़ाता छोड़कर आगे बढ़ गए थे। बस के आगे बढ़ते ही उन्होंने अचानक विश्रांत की बातों से अपने खराब हुए मूड को ठीक करने के लिए दोपहर में ही कोई बहुत महँगी स्कॉच की बोतल खोल ली थी। उस दिन आदिवासियों पर बनने वाली फिल्म की रिसर्च टीम पर विश्रांत अनल की बातों का कितना असर हुआ यह तो किसी तरह भी पता नहीं चल पाया। पर उस घटना का विश्रांत के जीवन पर बहुत गहरा असर पड़ा था। उनको यूनिवर्सिटी से मिलने वाली स्कॉलरशिप अचानक बंद हो गई थी और हफ्ते भर के भीतर उनसे हॉस्टल भी खाली करा लिया गया था। इसके बाद जैसा कि होना लगभग तय था विश्रांत अनल को अपनी पढ़ाई बीच में ही छोड़ देनी पड़ी थी। साथ ही व्यवस्था परिवर्तन और क्रांति की बड़ी-बड़ी बातें करने वाले मित्र भी बड़ी सफाई से अपने कैरियर को बचाते हुए उनसे कट लिए थे। उन्हें विश्रांत से दूर रहने की सलाह भी उन्हीं प्रोफेसर तिवारी ने ही दी थी, जिन्होंने कभी कहा था कि विश्रांत के व्यक्तित्व में झूठ और अन्याय को भस्म कर डालने की शक्ति है।

इस सबसे विश्रांत के जीवन में एक और बदलाव आया था, पर उसकी पड़ताल में गहरे उतरने पर मुझे डर है कि कहानी दूसरी दिशा में मुड़ जाएगी और एक गंभीर कहानी में बिना वजह रोमांस का तड़का लगाने का आरोप मुझ पर लगेगा। पर यहाँ इतना तो बताना ही पड़ेगा कि हुआ यह भी था कि विश्रांत के साथ ही एम. एस. डब्ल्यू. कर रही मीता, जो उनके लिए नियमित घर का बना खाना लेकर आती थी, ने अचानक ही उनसे मिलना बंद कर दिया था और कुछ महीने बाद ही परीक्षाएँ समाप्त होते ही मीता की शादी उनके प्रदेश की राज्य प्रशासनिक सेवाओं में कार्यरत एक ऐसे अधिकारी से हो गई थी, जिसके पिता ने उसकी नियुक्ति के लिए सात लाख रुपए रिश्वत दी थी, जिसे उसने शादी के समय मीता के पिता से ब्याज समेत वसूल कर लिया था।

अब मीता अपने पति के साथ प्रदेश की राजधानी के पॉश कहे जाने वाले इलाके में एक भव्य कोठी में रहती थी और उसके पति ने उसे एक पुराना एन. जी. ओ. खरीदकर दे दिया था, जिसे प्रदेश और केंद्र सरकार की कई संस्थाओं से नियमित तथा कुछ विदेशी संस्थाओं से कभी-कभी आर्थिक अनुदान मिलता था। मीता इस गैरसरकारी सामाजिक संस्था की डायरेक्टर थी, पर संस्था के वित्तीय मामले उसके पति ही देखते थे।

इस बीच मीता ने 'बाजार और आदिवासी समाज' नाम की पुस्तक भी लिखी थी, जिसका लोकार्पण राज्य के समाज एवं परिवार कल्याण मंत्री ने किया था। उसी समारोह में मंत्री जी ने मीता की संस्था द्वारा आदिवासियों को मुख्यधारा में लाने के लिए किए जा रहे प्रयासों को कार्यान्वित करने के लिए मीता की संस्था 'आदिवासी उत्थान समिति' के नाम पर सरकारी जमीन देने की घोषणा भी कर दी थी।

...और हाँ, लोकार्पण के समय मीता की पुस्तक का जो भाग पढ़ा गया था उसमें वैसी ही कुछ बातें कही गई थीं जो अकसर विश्रांत अपने सहपाठियों से बहस करते हुए कहा करते थे। यह बात मीता के साथ पढ़ने वाले उन मित्रों ने आपस में डिस्कस की थी, जो मीता की पुस्तक के लोकार्पण समारोह में शामिल हुए थे। पर यह सारी बातें विश्रांत तक पहुँची थीं या नहीं, यह कोई नहीं जानता था क्योंकि विश्रांत अनल का कॉलेज छोड़ने के बाद सभी से संपर्क टूट गया था।

पुराने साथियों में से अगर कोई उनके साथ था तो वह थे, हरिधर। हरिधर

का जन्म एक आदिवासी परिवार में ही हुआ था। जंगल और जीवन उनके लिए दो अलग-अलग चीजें नहीं थीं। वह विश्रांत के विचारों और आदिवासियों के प्रति उनके सरोकारों की कद्र करते थे। विश्रांत ने हरिधर और दो-एक स्थानीय आदिवासी समाज के लोगों के साथ मिलकर अपनी एक संस्था बना ली थी, जिसका नाम उन्होंने 'विप्लव' रखा था।

विश्रांत की यह संस्था हरिधर जैसे पढ़े-लिखे लोगों के लिए घनघोर अँधेरे में एक टिमटिमाता दीया था, जिसकी तरफ स्थानीय आदिवासी बड़ी उम्मीद से देखते थे। यह संस्था बिना किसी सरकारी मदद के स्थानीय लोगों के सहयोग से काम करती थी। सीमित साधनों में किसी तरह घिसट-घिसटकर चलती संस्था के कामों में विश्रांत रात-दिन का अंतर भूल गए थे। वह इसके कामों में ऐसे उलझे रहते थे कि उनका परिवार, रिश्तेदार, कैरियर, सब कुछ बहुत पीछे छूटता चला गया था। वह अपनी धुन में आगे बढ़े जा रहे थे और इसी धुन में कब उनकी दाढ़ी के बाल सफेद हो गए, कब वह तीस से चालीस के हो गए उन्हें पता ही नहीं चला था। अब उन्हें लोग एक क्षेत्रीय लेखक, एक समाजसेवी और एक जुझारू एक्टीविस्ट के रूप में जानते थे, जो आदिवासियों के हित के लिए कुछ भी कर गुजरने को तैयार रहता था।

पर आज उस काली पहाड़ी के नीम अँधेरे ने तो जैसे विश्रांत के जीवन की बची-खुची रोशनी भी सोख ली थी। उस काली पहाड़ी के तिलिस्म में वह इस तरह कभी न जा फँसे होते अगर उनकी कहानी का एक पुराना चरित्र न लौट आया होता, वह चेहरा जिसे उन्होंने वर्षों पहले एक झोंपड़े में तड़पते हुए देखा था आज उनके कसबे पनरबा के बस अड्डे पर सरकारी योजनाओं के प्रचार के लिए लगे विशालकाय होर्डिंग पर चिपका मुस्करा रहा था। विश्रांत उसे देखते ही पहचान गए थे। उन्हें याद आ गया था कि उस विज्ञापन में मुस्कराता हुआ आदिवासी, जिसका नाम रानोला लिखा था, वह रानोला नहीं, बिन्ना है और वह पनरबा के पास के ही गाँव धड़मौच का रहने वाला है। पर विज्ञापन में मुस्कराते बिन्ना में और उस नीली पड़ी देह में कितना फर्क था, जिसे विश्रांत ने हरिधर के साथ बिन्ना के ही झोंपड़े में जाकर देखा था। बिन्ना का टप्पर या झोंपड़ा धड़मौच गाँव के उस छोर पर था, जहाँ कसबे का डॉक्टर तो क्या पुलिस की हथियारबंद गाड़ियाँ तक आने में हौल खाया करती थीं। उसके झोंपड़े के साथ आठ-दस ऐसे ही छेउले की सूखी लकड़ियों की टट्टियों पर हाथ से बने बड़े-बड़े खप्परों वाले झोंपड़े और

भी थे। एक साथ खड़े झोंपड़ों ने जैसे जंगल और गाँव के बीच मीलों लंबी एक आभासीय तिर्यक रेखा खींच दी थी। स्थानीय प्रशासन और आदिवासियों के बीच लंबे समय से चल रहे संघर्ष के चलते उस समय कुछ ऐसी घटनाएँ हुई थीं कि इस रेखा को पार करना किसी का जंगल के तिलिस्म में खो जाना लगने लगा था। सरकारी रिकॉर्ड में लगे नक्शों में इसके आगे के हरे-भरे जंगलों को लाल स्याही से रंग दिया गया था। पृथ्वी का चक्कर काटते सेटेलाइट से लिए गए चित्रों के माध्यम से उन जंगलों के बीच से बहने वाले नदी-नालों, वहाँ की पहाड़ियों, विभिन्न प्रकार के पेड़ों, यहाँ तक कि उसमें पाए जाने वाले जानवरों की पूरी जानकारी, उन सबकी सही गिनती के साथ प्रशासन के पास उपलब्ध थी। पर उनके रिकॉर्ड में लगे, लाल-हरे रंग में बँटे नक्शों में ये झोंपड़े, इनमें साँस लेते इनसान कहीं नहीं थे।

बिन्ना उन दिनों बहुत बीमार था पर उसके चेहरे पर बीमारी की पीड़ा से ज्यादा उस लांछन का दर्द था, जो उसके टोले के लोगों ने ही उस पर लगाया था। उनका आरोप था कि वह प्रशासन के उन अधिकारियों से जा मिला है, जिन्होंने आदिवासियों को सरकार से मिलने वाली मदद-इमदाद को इलाके तक पहुँचाने के काम में भारी धाँधली की है। इस आरोप के साथ ही बिन्ना और उसके परिवार का उस जंगल में प्रवेश वर्जित कर दिया गया था, जिसके बिना उनका एक दिन भी जी पाना संभव नहीं था। बिन्ना का परिवार जिसमें उसकी बीवी रतुआ और उसके चौदह, नौ और सात साल के तीन-तीन बेटे थे। वह जैसे जंगल से नहीं कटा था, पूरी धरती से ही कट गया था। उसके बड़े बेटे का नाम बेड़ी था, बाकी दो बेटों का नाम विश्रांत और हरिधर को नहीं मालूम था। पर जब वे बिन्ना की मदद के लिए वहाँ पहुँचे थे तो उन्होंने उन दोनों को झोंपड़े के एक कोने में केवल जाँघिया पहने एक चटाई पर औंधे मुँह पड़ा हुआ देखा था। वे सो रहे थे या कई दिनों से घर में आग न जलने से, उनके मुँह में अन्न का एक दाना भी न जा सकने से, वे अपने तालू को जीभ से दबाते-दबाते उस समय बेहोश हो गए थे, मुँह में निवालों के इंतजार में धीरे-धीरे निकलने वाला द्रव एकदम सूख गया था। पर उस समय उन दोनों की ओर किसी का ध्यान नहीं था। बिन्ना बहुत बेचैनी से, कई दिनों से लाल मिट्टी से लीपी न जा सकने के कारण खुरदुरा गई जमीन पर एड़ियाँ रगड़ रहा था। उसके मुँह से झाग निकल रहा था। उसकी लगातार काँपती देह पर नीले चकत्ते उभर रहे थे। बिन्ना की पत्नी रतुआ बार-बार झोंपड़े के अंदर-बाहर हो रही थी। वह किसी अनजानी भाषा में बोल रही थी। वह

पगला-सी गई थी। बिन्ना का बड़ा बेटा बेड़ी झोंपड़े के बाहर खड़ा जंगल और आबादी के बीच खिंची उस आभासीय तिर्यक रेखा के पार लगातार घने होते सन्नाटे को देख रहा था।

विश्रांत ने बिन्ना को अपने थैले से निकालकर कोई लाल रंग की दवाई पिलाई थी, ऐसा करते हुए विश्रांत ने उसकी नीली पड़ती देह को छुआ था। अब उसमें जीवन का ताप नहीं था। वह किसी मृत देह की तरह ठंडी और अकड़ी हुई थी, फिर भी उसका निचला हिस्सा काँप रहा था। विश्रांत उसके हलक से उतरती दवा को देख रहे थे। वह जैसे हलक में जरा सी उतरकर अटक गई थी। हरिधर ने बिन्ना के सिर पर हाथ फेरा था कि तभी एक झटके के साथ बिन्ना की अकड़ी देह दोहरी हो गई थी। बंदूक से निकली गोली के वेग से उसके मुँह से हरे रंग के पानी का फव्वारा बाहर निकला था। लगा था, मानो उसकी ठंडी पड़ चुकी देह ने अपना प्रतिशोध लेने के लिए समय के मुँह पर थूक दिया था। वह धतूरे के बीज पीसकर पानी के साथ पी गया था। वह जीना नहीं चाहता था। उसने आत्महत्या की कोशिश की थी। ऐसा करने से पहले उसने अपनी पत्नी रतुआ से भी वह हरा जहरीला पानी पीने के लिए कहा था, पर रतुआ ने सोते हुए बच्चों की ओर देखकर ऐसा करने से मना कर दिया था। पर जैसे ही दोपहर के समय रतुआ अपने बड़े बेटे बेड़ी के साथ, खाने के लिए कुछ जुटाने की कोशिश में झोंपड़े से बाहर निकली थी, बिन्ना ने वह पानी पी लिया था।

अब बिन्ना की नीली पड़ती देह का कंपन धीरे-धीरे शांत हो रहा था। वह कुछ कहने की कोशिश कर रहा था। उसकी आँखों के पूरी तरह पथरा जाने से पहले, उसके मुँह से इतना ही निकला था, "कागद पे अँगूठा धराय लौ...हमें कछु न दयो बाउ जी।" उसके बाद जैसे नीड़ तलाशते पंछियों के झुंड, उनका कलरव, उनके लिए लिखे-कहे गए सारे शब्द, डूबते सूरज को देखकर गाए जाने वाले सभी गीत अनायास ही लुप्त हो गए थे। डूबते सूरज से लाल होते आसमान का रंग, जंगलों के गहरे हरे रंग में घुल रहा था। लगता था सरकारी नक्शों से निकलकर लाल स्याही जंगलों का रंग बदल रही है। धरती-आसमान सब उन झोंपड़ों के खिलाफ साजिश कर रहे हैं।

आज उस घटना के छह महीने बाद बिन्ना राज्य के सरकारी विज्ञापनों में खड़ा मुस्करा रहा था। हरिधर और विश्रांत दोनों ही जानते थे कि जिस आवास, धन, शिक्षा, राशन आदि का लाभ लेते हुए विज्ञापन में बिन्ना को दिखाया गया

था, उसकी हवा तक बिन्ना या उसके परिवार तक नहीं पहुँची थी। परंतु बिन्ना का मुस्कराता चेहरा झूठे सरकारी प्रचार तंत्र के विशाल किले की एक-एक ईंट पर छाप दिया गया था।

विश्रांत की संस्था के कुछ सदस्यों ने प्रदेश की राजधानी से लौटते हुए और भी कई बड़े-बड़े होर्डिंग्स देखे थे, जिसमें बिन्ना के प्रदेश के जंगल, वहाँ का जीवन, सब कुछ किसी परीलोक की तरह बहुत लुभावना लग रहा था। पर सच्चाई कुछ और ही थी, बिन्ना का परिवार अभी भी कई दिनों से भूख और बेकारी से जूझ रहा था। सबसे छोटा बेटा कई दिनों से बुखार में तप रहा था। बिन्ना का परिवार भूख से अपनी लड़ाई हारने ही वाला था कि विश्रांत अनल और हरिधर उन्हें विप्लव के कैंप में ले आए थे।

विश्रांत ने बिन्ना और उसके परिवार को न्याय दिलाने के लिए, उसके परिवार की हालत और सरकारी तंत्र की अंधेरगर्दी पर विस्तार से एक रिपोर्ट तैयार कर, उसे कसबे, जिले, प्रदेश और राष्ट्र के स्तर पर कई सरकारी तथा गैरसरकारी संस्थाओं को भेज दिया था। इस बात की भनक उनके जिले के कुछ निचले स्तर के अधिकारियों को भी लग गई थी और वे जान गए थे कि विश्रांत अनल द्वारा तैयार की गई बिन्ना के केस की रिपोर्ट एक ऐसी चिनगारी है, जो हवा मिलने पर, एक धमाके के साथ सरकार की नींव हिला सकती है और करोड़ों खर्च करके चलाए जा रहे सरकारी प्रचार के विशालकाय गुब्बारे की एक ही झटके में हवा निकाल सकती है। इस बात को सत्ता के दलालों ने और झूठे प्रचार को हवा देने वाले बाबुओं ने सूँघ लिया था। इसीलिए सरकारी विभागों में वह रिपोर्ट ऐसे दबा दी गई थी कि एक बार खोजने पर भूगर्भ में दबे जीवन की उत्पत्ति के गूढ़ रहस्य खोजे जा सकते थे, पर उस फाइल को, उस रिपोर्ट को और बिन्ना के नाम के किसी कागज को नहीं खोजा जा सकता था। दूसरी ओर वह रिपोर्ट कई हाथों से खिसकती हुई मानवाधिकारों की हिमायती कई विदेशी संस्थाओं तक जा पहुँची थी। वे संस्थाएँ अपने-अपने तरीके से विश्रांत अनल के प्रयासों और आदिवासियों की परिस्थितियों की चर्चा कर रही थीं, पर यहाँ अपने ही देश में उस रिपोर्ट ने, दिल्ली पहुँचने से बहुत पहले ही, प्रदेश की सीमाओं के भीतर ही सरकारी फाइलों में दम तोड़ दिया था।

इस रिपोर्ट के विषय में विश्रांत अनल ने एक लंबे अरसे बाद मीता को भी पत्र लिखा था तथा उसमें उनकी अपनी संस्था द्वारा भी आदिवासियों के साथ हो

रही इस तरह की धाँधलियों को उजागर करने की अपील की थी, इस पर मीता ने भी उन्हें अपनी पुरानी दोस्ती का हवाला देते हुए चुप रहने की ही सलाह दी थी। तब से विश्रांत की चुप्पी और भी गहरी हो गई थी और उन्होंने बिन्ना के परिवार को न्याय दिलाने के लिए एक लंबी लड़ाई लड़ने का मन बना लिया था।

विश्रांत अनल ने बिन्ना के परिवार को न्याय दिलाने के लिए कोर्ट जाने का फैसला कर लिया था। उस दिन इसी की तैयारी के लिए विश्रांत कुछ जल्दी ही धड़मौच के कैंप में बिन्ना के परिवार की देखभाल की जिम्मेदारी हरिधर पर छोड़कर पनरबा चले आए थे। उन्हें आए हुए अभी घंटा भी नहीं हुआ था कि हरिधर हाँफते-दौड़ते बदहवास से उनके पास पहुँचे थे। उन्होंने अपने सूखे गले से बहुत मुश्किल से कुछ टूटे-फूटे शब्द बोले थे। विश्रांत उनकी बात से बस इतना ही समझ पाए थे कि इस समय उन्हें बिना कुछ पूछे यहाँ से भाग जाना चाहिए। उन्हें पता चला था कि धड़मौच में विप्लव के कैंप में किसी ने आग लगा दी है। हरिधर ने बताया था कि बिन्ना की पत्नी और उसके तीनों बेटों को जंगल में एक सुरक्षित स्थान पर पहुँचा दिया गया है। विश्रांत बिना कुछ लिए खाली हाथ, अपने कमरे का ताला लगाकर हरिधर के साथ वहाँ से भाग निकले थे। वह नहीं जानते थे कि वह किससे भाग रहे हैं और कहाँ जा रहे हैं।

डेढ़ घंटे की एक ट्रक की सवारी तथा लगभग एक घंटे गिरते-पड़ते, ऊबड़-खाबड़ रास्तों पर भागते हुए वह हरिधर के साथ जहाँ पहुँचे थे, वह एक बहुत वीरान जगह थी। यहाँ आकर रास्ते और पगडंडियाँ खत्म हो गई थीं, यहाँ से जंगल घना और भयावह दिख रहा था। सूरज आसमान से गिरकर घनी झाड़ियों में फँसा छटपटा रहा था। इस कोशिश में वह फिर से उसी तरह लाल हो गया था जैसा बिन्ना की मौत के समय हुआ था, पर उस शाम विश्रांत आबादी और जंगल को बाँटने वाली आभासीय तिर्यक् रेखा के उस पार थे। आज वह उस रेखा को पार करके घने जंगल के बीच उस जगह खड़े थे, जिसे नक्शों में लाल स्याही से रँग दिया गया था। वहीं एक पेड़ पर बाँधी गई मचान पर, एक ही चादर में लिपटे बिन्ना की पत्नी रतुआ और बेड़ी से छोटे दोनों बेटे बैठे थे, जिनका नाम अब तक विश्रांत नहीं जान पाए थे। उनकी आँखों में भय की छाया शाम के धुँधलके में भी साफ दिख रही थी। सबसे छोटे बेटे का शरीर बुखार में तपकर ऐंठता हुआ रतुआ के सीने से चिपट रहा था। पेड़ के नीचे आग जल रही थी। वहीं बेड़ी हाथों में कुल्हाड़ी लिए खड़ा था। उसका पेट पीठ से चिपक गया था। उसकी पसलियाँ गिनी जा

सकती थीं, पर जिस हाथ से उसने कुल्हाड़ी का हत्था पकड़ रखा था, वह लोहे की तरह सख्त था। लगता था जैसे दसियों लोग मिलकर भी उसके हाथ से कुल्हाड़ी नहीं छीन सकेंगे। उसके शरीर में बहते हुए खून का लोहा सिमटकर उसकी मुट्ठियों में आ गया था। उसकी आँखों में बिन्ना और रतुआ की आँखों वाली लाचारगी नहीं थी। इस समय उसकी आँखें किसी घाघ शिकारी की तरह चौकन्नी हो गई थीं। आज दोपहर जब विश्रांत उसे अपने परिवार का खयाल रखने की हिदायत देकर धड़मौच से चले थे तो यही आँखें, एक डरे हुए हिरन की तरह उन्हें दूर तक जाते हुए देखती रही थीं। उस समय उनमें एक डर था। पर अब उनमें एक भयावह सन्नाटा था।

धीरे-धीरे उतरता रात के जंगल का सन्नाटा।

तभी लगभग बीस-बाईस आदिवासी युवकों के एक समूह ने पेड़ों पर बँधी मचान को घेर लिया था। उनके हाथों में कुल्हाड़े, लाठियाँ, भाले और कुछ ऐसे पुराने हथियार थे, जिन्हें विश्रांत ने इतने दिनों तक आदिवासियों के लिए काम करते रहने पर भी कभी नहीं देखा था। लेकिन उनके पास बंदूकें नहीं थीं। उनके पास झंडे, नारे या पोस्टर नहीं थे। उनमें से किसी ने रूस, चीन, यहाँ तक कि पाकिस्तान का नाम भी नहीं सुना था। आदिवासियों के इस समूह को बड़ा टोला कहा जाता था। यह टोला आदिवासियों को, जंगल को किसी भी बाहरी आक्रमण से बचाता था। इसका गठन तब हुआ था, जब शायद राज्य, राष्ट्र, लोकतंत्र एवं संविधान जैसे शब्द नहीं बने थे। नई पीढ़ी के जाँबाज इस टोले में शामिल होते थे। उनके जंगलों की रक्षा और अपने बचाव के अलग तरीके थे। टोले के एक सदस्य ने बेड़ी से अपनी माँ और दोनों भाइयों को मचान से उतारने का इशारा किया।

कुछ ही देर में विश्रांत अनल हरिधर, बिन्ना के परिवार और आदिवासियों के बड़े टोले के साथ एक ऐसा सफर कर रहे थे, जिसके बारे में उन्होंने कभी सपने में भी नहीं सोचा था। जंगल अपने भीतर एक अलग ही दुनिया छिपाए था। एक डरा देने वाली तिलिस्मी दुनिया। समूह में आगे और पीछे चलने वाले दो युवकों ने मशालें जला ली थीं। वह आपस में जो भाषा बोल रहे थे, विश्रांत अनल उसे नहीं समझ पा रहे थे।

तभी समूह में आगे चलते युवक अचानक ही कुछ ज्यादा चौकन्ने हो गए

थे। उन्होंने आने वाले किसी अदृश्य संकट को सूँघ लिया था। उन्होंने बहुत तेजी से अपनी दिशा बदल ली थी और विश्रांत, हरिधर और बिन्ना के परिवार को समूह के बीच एक सुरक्षित घेरे में ले लिया था।

अँधेरा तारकोल की तरह गाढ़ा हो गया था।

सभी के सिरों पर असंख्य कीट-पतंगे-मच्छर और अनजाने-अनदेखे कीड़े-मकोड़े मँडरा रहे थे। चाँद हँसिए की तरह आसमान में झूल रहा था, पर उसकी रोशनी में इतनी शक्ति नहीं थी कि वह इस अँधेरे में उन्हें रास्ता दिखा सके। हाँ, वह किसी हारी और बिकी हुई पार्टी का चुनाव चिह्न अभी भी बना रह सकता था। तभी अँधेरे में कोई सरसराती चीज, मशाल लेकर आगे-आगे चल रहे युवक का सीना चीरकर उसके भीतर घुस गई। एक हिचकी, जो शायद उस युवक की घुटी हुई चीख थी, अँधेरे में खो गई। उसके हाथ से छूटकर मशाल जमीन पर गिर गई और उससे उठती लपटों से धीरे-धीरे जमीन पर पड़े सूखे पत्तों ने आग पकड़ ली। दूसरी मशाल को पलक झपकते ही बुझा दिया गया और समूह ने फिर दिशा बदल दी। अब वे घुप्प अँधेरे में कीट-पतंगों के किसी झुंड की तरह लगभग हवा में तैरते हुए आगे बढ़ रहे थे। कई सरसराती हुई आवाजें उनका पीछा करती हुई, पेड़ों से टकराकर नीचे गिर रही थीं। बीच-बीच में कोई घुटी हुई चीख जंगल में पसरे सन्नाटे के सीने पर एक पिन-सी चुभा देती थी। मरने वाला ध्यान रखता कि उसके मुँह से निकली चीख, उनका पीछा करती सरसराती आवाजों को उनके समूह के आकार, दिशा या गति की कोई जानकारी न दे दे।

तभी एक 'धाँय' की आवाज गूँजी और एक जोरों की चीख सभी के कानों में पड़ी। यह चीख आदिवासियों के बड़े टोले के किसी सदस्य की घुटी हुई चीख नहीं थी। इस बार चीख उस दिशा से आई थी जहाँ से निकलकर सरसराती हुई आवाजें बड़े टोले का पीछा कर रही थीं। इस बार गोली बिना साइलेंसर लगी बंदूक से चली थी। तभी एक और बड़ा धमाका हुआ, जिससे जंगल के उस हिस्से में दिन जैसा उजाला हो गया, जिसमें एक पल के लिए सब कुछ साफ-साफ देखा जा सकता था। बड़े टोले के सदस्य—बिन्ना के परिवार, विश्रांत अनल और हरिधर के साथ एक काली चट्टानों वाली पहाड़ी पर चढ़ रहे थे। बंदूकधारियों के दो दल आमने-सामने थे। दोनों तरफ से फायरिंग हो रही थी। एक तरफ के लोगों ने हरे रंग की वर्दी पहन रखी थी और सिर पर काली पट्टी बाँधी हुई थी। उनकी बंदूकों के मुँह पर साइलेंसर नहीं थे। दूसरी तरफ के लोगों ने खाकी वर्दी पहन रखी थी।

उनकी बंदूकों पर साइलेंसर चढ़े थे। उनसे गोलियाँ बिना शोर किए एक हलकी सी सरसराती हुई आवाज के साथ निकलती थीं।

इस मौके का फायदा उठाकर बड़ा टोला तेजी से पहाड़ी पर चढ़कर ओझल हो गया था। उनके पीछे बहुत देर तक गोलियों की आवाज गूँजती रही। विश्रांत अनल पहाड़ी पर पहुँचकर औंधे मुँह गिर पड़े थे। उनका शरीर कई जगह से छिल गया था। उनके घुटनों और पसलियों में कई मुँदी चोटें आई थीं। उनकी आँखों के आगे अँधेरा छा रहा था। पूरी पहाड़ी चकरी की तरह घूम रही थी। वह धीरे-धीरे जंगल से, धरती से अलग हो रही थी। तभी उनके कानों से किसी के जोर-जोर से चीखने की आवाज टकराई। यह बिन्ना की पत्नी रतुआ की आवाज थी। वह 'बेड़ी...ओ बेड़ी हौ' की आवाज लगा रही थी। बेड़ी, बिन्ना का बड़ा बेटा, जिसने इस एक रात में ही अपनी उम्र के कई साल पार कर लिए थे, जिसे विश्रांत अनल ने अपने कैंप में लिखना-पढ़ना सिखाया था, जो बिन्ना की मौत के बाद पनरबा कसबे में अपने परिवार के साथ कोई रोजगार शुरू करने वाला था, जो अपने परिवार को इस दुरूह जीवन से खींचकर विकास की मुख्यधारा में ले जाने वाला था। वही बेड़ी आज अपनी माँ और दोनों छोटे भाइयों के साथ नहीं था। सब हैरान थे। उसकी तो चीख भी किसी ने नहीं सुनी थी। उसे जंगल का अँधेरा लील गया था। उसी पहाड़ी पर जिसे बड़े टोले के लोग काली पहाड़ी कहते थे, रतुआ बेड़ी को पुकारती यहाँ-वहाँ भाग रही थी। तभी उसके छोटे बेटे का शरीर ज्वर के ताप और उसकी असह्य पीड़ा से उठी एक लंबी ऐंठन के बाद स्थिर हो गया था। काली पहाड़ी विश्रांत के सामने फिर चकरी की तरह घूमने लगी थी। अब उस पर बैठा हर आदमी गर्त में डूब रहा था। उसके लिए पूरी दुनिया में कहीं भी, कोई रोशनी शेष नहीं थी। पहाड़ी पर बैठे-बैठे ही किसी ब्लैकहोल में समा जाना, उसकी नियति बन चुका था।

पहाड़ी, काली पहाड़ी सचमुच ही किसी ब्लैकहोल में समा गई थी। विश्रांत दोनों हाथों से सिर पकड़े हुए अपने कमरे में बैठे थे। वह सामने रखे लिफाफे को देख रहे थे। वह उसे खोलकर उसमें रखे कागज को, जो किसी खत के जैसी ही कोई चीज लग रही थी, पढ़ लेना चाहते थे। पर अब भी उनका सिर रह-रह कर बुरी तरह घूम रहा था।

विश्रांत अनल ने सुना था कि इन जंगलों के नीचे अपार प्राकृतिक संपदा दबी पड़ी है। उन्होंने सुना था कि लोहा, ताँबा जैसी धातुओं के भंडार यहाँ धरती

के गर्भ में छुपे हैं। क्या यह आदिवासियों का बड़ा टोला उसी की सुरक्षा के लिए बना था? क्या पहाड़ी के नीचे चलने वाली गोलियाँ, अँधेरे में बहने वाला खून, सब उसी संपदा को पाने के लिए था? क्या सचमुच ही कई ताकतें, अलग-अलग नाम रखकर आदिवासियों को जंगलों से बेदखल करने की साजिश कर रही थीं? हाँ, शायद यही सच था! और विश्रांत उस पहाड़ी से उतरते हुए, जंगल से बाहर निकलकर दुनिया को यही सच बताने के बारे में सोच रहे थे। वह बताना चाहते थे कि अभी सब कुछ खत्म नहीं हुआ है। कौन किसके लिए, किस वजह से लड़ रहा है, वह इसकी साफ-साफ तसवीर सबके सामने रखना चाहते थे। वह पहाड़ी पर बैठे लोगों को वहाँ से निकाल लाना चाहते थे, पर उस रात बड़े टोले के नियमानुसार उन्हें सुबह होने से पहले ही काली पहाड़ी से चले आना पड़ा था।

टोले के दो युवक और हरिधर उन्हें पनरबा कसबे के बाहर तक छोड़ गए थे। हरिधर आदिवासी टोले के ही थे, सो उन्हें विश्रांत को छोड़कर पहाड़ी पर लौट जाना पड़ा। उस दिन वह पहाड़ी पर लौटने से पहले विश्रांत को धीरे-धीरे अपनी आँखों से ओझल होते हुए देखते रहे थे। विप्लव के कैंप के साथ उनका अपने लोगों के लिए काम करने का, उन्हें रोशनी दिखाने का सपना भी जल गया था। वह जानते थे कि अब गाँव और कसबे में उनके लिए कोई जगह नहीं बची है। अब वह ऐसी लड़ाई का हिस्सा बन चुके हैं जिसका कोई अंत नहीं है। वह यह भी जानते थे कि इस घटना के बाद विश्रांत अनल का जीवन भी पहले की तरह रहने वाला नहीं है। वह एक ईमानदार कोशिश को, एक उम्मीद को अपने सामने अपनी आँखों से ओझल होते हुए देख रहे थे। काली पहाड़ी पर लौटते हुए उनके लिए सभ्य समाज में बोले और व्यवहार में लाए जाने वाले तमाम शब्द बेमानी हो गए थे, उन शब्दों में प्यार, दोस्ती, रिश्ते जैसे भावसूचक शब्द ही नहीं थे बल्कि परिवार, समाज, सभ्यता, राज्य, देश, कानून, संविधान जैसे कई ज्ञानसूचक शब्द भी अब उनके लिए बिलकुल निरर्थक हो गए थे।

वह फिर से एक सदियों पुरानी भाषा सीखने के लिए काली पहाड़ी की ओर बढ़ गए थे।

उस रोज विश्रांत अपनी पसलियों को दोनों हाथों से दबाए, लँगड़ाते, लड़खड़ाते बड़ी मुश्किल से अपने कमरे पर पहुँचे थे। उनकी आँखों के चारों तरफ गहरे काले निशान थे। उनके होंठों पर पपड़ियाँ जमी थीं। उनके कमरे के दरवाजे खुले पड़े थे। उनकी अपनी रोजमर्रा की जरूरत भर के लिए जुटाए गए सामान में से, अब

वहाँ कुछ भी नहीं बचा था। बिजली कट गई थी। फोन का तार भी कटा हुआ हवा में झूल रहा था। कमरे में अँधेरा था। बाहर की दुनिया में धीरे-धीरे सूरज निकल रहा था। कुछ किरणें रोशनदान से कमरे के फर्श पर गिर रही थीं। कुछ अधजले पन्ने, कुछ किताबें यहाँ-वहाँ फैली पड़ी थीं। विश्रांत अपनी पसलियाँ पकड़कर जमीन पर बैठ गए थे। उनके शरीर को देखकर लगता था कि वह बहुत थक चुके हैं, पर आँखों से लगता था कि अभी उन्होंने हार नहीं मानी है।

वह कमरे में बिखरी अधजली किताबों और यहाँ-वहाँ उड़ते पन्नों को समेटने लगे थे।

उसके बाद सूरज नियत समय पर डूबा और दूसरे दिन फिर निकल आया, पर विश्रांत अनल के कमरे के दरवाजे नहीं खुले। इस बीच उन्होंने फटे, अधलिखे पन्नों पर कई बार कुछ लिखने की कोशिश की, पर कागजों पर कुछ भी दर्ज न हो सका। कभी कुछ लिखा भी गया तो उसे उन्होंने खुद फाड़कर चिंदी-चिंदी कर दिया। इस बीच उन्होंने कई बार अपने फेफड़ों में हवा भरी और जोर से चीखना चाहा, पर पसलियों में उठे दर्द से वह ऐसा नहीं कर सके और पसलियाँ पकड़कर फर्श पर लोट गए। वह न जाने कब तक छत के शहतीर में लगी घुन को ताकते रहे। कटे हुए फोन के तार को उँगलियों में लपेटते और तोड़ते-मरोड़ते रहे। उन्होंने बार-बार आँखों के आगे छाते अँधेरे से बाहर निकलने के लिए, फर्श पर पड़ी पुरानी, अधजली बीड़ी को फिर से जला लिया, पर पहला कश खींचते ही खाँसी का ऐसा धसका उठा कि लगा दम लेकर ही थमेगा। खाँसते-खाँसते आँखें लाल हो गईं, उसमें उनका पूरा प्रदेश, उसमें दूर-दूर तक फैले जंगल, धू-धू करके जल उठे। उस कमरे की दीवारों ने उनकी आँखों से लपटें निकलते हुए देखीं, पर कमरे की दीवारों के आँखें और कान तो थे, पर मुँह नहीं था, सो दीवारें यह सब देखकर भी खामोश ही रहीं।

वह खाँसते-खाँसते कब बेहोश होकर फर्श पर गिर गए, किसी को पता नहीं चला, पर बेहोशी में भी वह काली पहाड़ी उनके सामने चकरी-सी घूमती रही, वह पहाड़ी जहाँ से भी गुजर रही थी, वहाँ के जंगल झुलसते जा रहे थे। नदी, नाले, झरने सूखते जा रहे थे। पशु-पक्षी भस्म होते जा रहे थे। बस जो चीज बची रह गई थी, वह थी बड़े-बड़े सरकारी विज्ञापनों पर बिन्ना का मुस्कुराता चेहरा और उसके साथ खड़े मंत्री की आँखों की चमक। विश्रांत उन सभी होर्डिंगों को गिरा देना चाहते थे, पर वह उठ नहीं पा रहे थे।

उसी समय कोई जोर से खटखटाकर, उनके दरवाजे पर एक खत छोड़ गया था। वह अपनी इंद्रियों की संपूर्ण चेतना समेटकर उस लिफाफे को खोलकर पढ़ना चाहते थे। वह उस पहाड़ी को पल भर के लिए भूलकर वर्तमान में लौटना चाहते थे। बहुत कोशिश करने पर, इस बार वह काँपते हाथों से लिफाफा खोलकर, उसमें रखे कागज पर लिखे टेढ़े-मेढ़े अक्षरों से बनने वाले शब्दों को पढ़ने में सफल हो गए थे। उस पर लिखा था—

विश्रांत जी,
अब आप जो चाहो, सो लिखो
जो चाहो, सो करो
अब हम आपके साथ हैं।
अब कोई कुत्ता आप तक नहीं पहुँच पाएगा।
बस कुछ समय और
फिर हमारी तरह
किसी को चौपाया बनकर
जंगलों से भागना नहीं पड़ेगा।
अब कोई अँधेरे में हमारा शिकार
नहीं कर पाएगा।
अब मेरे पास कलम नहीं है।
कुल्हाड़ी भी नहीं है।
अब मेरे पास बंदूक है। —*बेड़ी*

बेड़ी! विश्रांत की आँखें गहरे आश्चर्य से फैल गईं। बिन्ना का बड़ा बेटा बेड़ी! बेड़ी जिंदा था? पर कहाँ? और बंदूक! बंदूक उसके पास कहाँ से आई? बंदूक तो बड़े टोले के पास नहीं थी। बेड़ी किसके साथ इस लड़ाई में उतर गया था? और किसके खिलाफ?

विश्रांत अनल ने उस खत को कई बार पढ़ा। उन्हें बेड़ी की एक डरे हुए हिरन की तरह कातर आँखें याद आ रही थीं, जो अब एक शिकारी की आँखों में बदल रही थीं।

उसके बाद कई दिनों तक विश्रांत अनल को किसी ने नहीं देखा था।

कुछ लोगों का कहना था कि एक रात सादी वर्दी में पुलिस उन्हें उठाकर ले गई थी। उनके खिलाफ कीमती लकड़ी और जानवरों की खाल की तस्करी करने

वाले गैंग के लिए मुखबिरी और दलाली करने के आरोप थे। उनके घर से कोई ऐसा खत भी मिला था, जिससे उनका नाम एक ऐसे आंदोलन से जुड़ गया था, जिसके दमन के लिए पूरा सरकारी तंत्र अपनी पूरी शक्ति के साथ लगा था। अनायास ही एक लेखक, एक कहानीकार विश्रांत अनल एक बड़े अपराधी, एक देशद्रोही बन गए थे। पर उनकी गिरफ्तारी का कोई रिकॉर्ड प्रदेश के किसी थाने में नहीं था। पुलिस, प्रशासन और सरकार उन्हें एक भगोड़े अपराधी, एक देशद्रोही के रूप में दुनिया के सामने रख रही थी।

कुछ लोगों का कहना था कि विश्रांत अनल ने पुलिस की हिरासत में आत्महत्या कर ली थी, कुछ लोगों का कहना था कि आजकल जंगल में होने वाली सारी हिंसा का मास्टर माइंड विश्रांत अनल ही हैं, पर कुछ लोगों का कहना था कि उनकी ही कद-काठी के एक आदमी को, जिसकी दाढ़ी बढ़ी हुई थी, आँखें लाल थीं, कसबे से जंगल की ओर जाती हुई सड़क के किनारे छोटे-छोटे गड्ढे खोदकर, जमीन में कागजों के छोटे-छोटे कुछ टुकड़े दबाते हुए देखा गया था।

चुनाव नजदीक आ रहे थे। सरकार हिंसा फैलाने वालों से सख्ती से निपटने की योजना बना रही थी। मीता को रूलिंग पार्टी से टिकट मिलने की संभावना थी। वह लगातार आसपास के आदिवासी इलाकों का दौरा कर रही थी। प्रोफेसर तिवारी को अमरीका की एक नामी यूनिवर्सिटी में पढ़ाने के लिए बुला लिया गया था। उनका नाम इस बार शिक्षा के क्षेत्र में मिलने वाले सर्वोच्च सम्मान के लिए रिकमंड किया गया था।

इस घटना को अब बहुत समय हो चुका है। सूरज अब भी नियत समय पर निकलता और डूबता है। राज्य के मौसम विभाग की सूचना के अनुसार कई बार सही जगह पर सही समय बारिश भी होती है।

पुलिस की फाइलों में आज भी कई झूठे-सच्चे मामलों में विश्रांत अनल का नाम दर्ज है। आजकल पनरबा कसबे से जंगल की ओर जाने वाली सड़क के किनारे लंबे-लंबे सफेद तने वाले पेड़ लगे हैं। कुछ लोग कहते हैं, उनकी लकड़ी से माचिस बनती है। कुछ लोग कहते हैं उनकी छाल से कागज बनता है।

पनरबा कसबे के किसी कागज को माचिस की तीली से जलाकर देखिएगा। शायद उससे उठती लपटों में आपको विश्रांत अनल की कुछ कहानियाँ मिलें।

परछाइयों के शहतीर

उनकी छोटी-छोटी, काली, पैनी और सतर्क आँखों में एक खालीपन था, एक सन्नाटा, एक भयावह तिलिस्म। उनके काले, घुँघराले, उलझे हुए बालों के बीच, सफेद बाल ऐसे फैले थे, जैसे किसी ने काले तिलों के बीच चावल बिखरा दिए हों। उनकी बेतरतीब बढ़ी हुई दाढ़ी-मूँछें, गाँजा पीने से काले पड़ चुके होंठ, छोटी कद-काठी और उस पर अपने नाप से लगभग दो गुना बड़ा कुर्ता, जिसकी बाँहें उनके हाथों से कई अंगुल बड़ी होतीं, जो बातें करते समय हिलते हुए हाथों को ढक देतीं। उनकी सधी हुई सतर्क चाल, मानो वह जहाँ हैं, वहाँ से पल भर में भाग खड़े होंगे, या खड़े-खड़े ही अंतर्धान हो जाएँगे। उन्हें कोई एक बार देख ले तो कभी न भूले। उनकी तेज, साफ और गहरी आवाज कोई सुन ले तो कई दिनों तक उसके कानों में गूँजती रहे। वह जब बोलते तो लगता उनकी आवाज उनके गले से नहीं, किसी गहरे कुएँ से आ रही। कुल मिलाकर मामूली कद-काठी का, साधारण नैन-नक्श वाला, साँवला, दरिद्र-सा दिखने वाला एक ऐसा व्यक्ति, जो अपनी बातचीत से, अपने प्रभाव से, अपने वास्तविक आकार-प्रकार से कई गुना बड़ा और विराट् प्रतीत होता हो, जो बात-बात पर लोगों को चौंका देता हो, ऐसा व्यक्तित्व था रमेश बाबू के बचपन के मित्र, भुवनेश्वर का।

आज सुबह से ही रमेश बाबू के घर पर भुवनेश्वर का ही इंतजार हो रहा था। दो दिन पहले ही तार से उनके आने की सूचना मिली थी। रमेश बाबू भुवनेश्वर को उन दिनों से जानते थे, जब उनकी स्कूली शिक्षा भी पूरी नही हुई थी। वह भुवनेश्वर के विचारों के, उनके लेखन के कद्रदान थे। उनके ग्यारह साल के बेटे महीप की आँखों में भुवनेश्वर से मिलने की उत्सुकता और कौतूहल साफ दिखाई दे रहा था। उसने रमेश बाबू से उनके बारे में तरह-तरह की बातें सुनी थीं। रमेश बाबू के कुछ मित्र सुबह से ही भुवनेश्वर से मिलने के लिए बैठक में आकर जम गए थे। महीप ने बड़े ध्यान से बैठक में चल रही बातों को सुना था। रमेश बाबू अपने मित्रों से कह रहे थे, ''भुवनेश्वर बचपन से ही भावुक, संवेदनशील,

पर कुशाग्र बुद्धि थे। उनकी माँ का देहांत बचपन में ही हो गया था। उनके पिता, जो पेशे से वकील थे, उन्होंने उनकी माँ की मत्यु के बाद दूसरी शादी कर ली थी। अपनी माँ की मृत्यु के बाद तो जैसे उस भावुक और संवेदनशील भुवनेश्वर ने बेशर्मी-बेबाकी और छद्म का दुर्भेद्य कवच पहन लिया था। उनकी विमाता से उनके पिता की छह संतानें हुईं। वे सब अभी छोटे ही थे कि उनके पिता का भी देहांत हो गया।''

एक मित्र ने बीच में ही पूछा, ''सुना है, वे बहुत शराब पीते हैं?'' रमेश बाबू ने अपनी याददाश्त को पीछे ले जाते हुए उत्तर दिया, ''अपने पिता की मृत्यु के पहले ही भुवनेश्वर ने नशा करना शुरू कर दिया था, जिसके लिए उनके पिता ने उन्हें कई बार आगाह भी किया, पर शराब जैसे उनके लिए अपने अकेलेपन को ढकने का आवरण थी। एक ऐसा लिहाफ थी, जिसे ओढ़कर वह कभी भी, कहीं भी निश्िंचत सो सकते थे।''

एक और मित्र ने रमेश बाबू से सवाल किया, ''सुना है, वे अपनी बात सिद्ध करने के लिए अपने तर्कों में कई झूठी और बेबुनियादी बातों का सहारा लेते हैं!''

तभी एक और आवाज उठी, ''कहते हैं कि उनका कोई मित्र नहीं है।'' रमेश बाबू ने थोड़ा रुकते हुए जवाब दिया, ''उनके निर्मोही स्वभाव ने उन्हें कटु, बेबाक और डरा देने की हद तक सच्चा बना दिया। जो आदमी अपने लिए कुछ नहीं चाहता, वह लोभ और लिप्सा से भरे लोगों के लिए खतरा बन जाता है। उनकी रचनाओं में झलकती सच्चाई से हर समय किसी बड़े झूठ के जल जाने का खतरा रहता है, पर तमाम झूठ और षड्यंत्र मिलकर भी भुवनेश्वर के सच को उजागर नहीं कर पाते हैं। इसीलिए वे सभी के लिए एक अबूझ पहेली हैं।''

कोई और आगे सवाल करता और बात आगे बढ़ती, उससे पहले ही कोचवान खाली ताँगा लेकर स्टेशन से वापस लौट आया। उसने बताया कि उसे स्टेशन पर भुवनेश्वर बाबू नहीं मिले। उसने एक-एक डिब्बा छान मारा, बहुत देर तक प्लेटफॉर्म पर इंतजार भी किया पर वह कहीं भी नहीं थे। इस खबर ने सभी लोगों को निराश कर दिया था, पर महीप को विश्वास नहीं हो रहा था कि उनके पिता का इतना पुराना मित्र अपने आने का तार भेजकर इस तरह कहाँ गायब हो सकता है। रमेश बाबू अभी कुछ सोच भी नहीं पाए थे कि आम-बागों से भागते हुए आकर, एक आदमी ने खबर दी थी कि उसने रमेश बाबू के मित्र, जिनका

कि सभी इंतजार कर रहे थे, को बागों में घूमते हुए देखा है। उस आदमी की बात सुनते ही रमेश बाबू लगभग भागते हुए वहाँ पहुँचे, जिस आदमी का इतने लोग रमेश बाबू के यहाँ इंतजार कर रहे थे, जो रमेश बाबू के बचपन का दोस्त था, जो अपने समय से आगे के नाटक और कहानियाँ लिखकर एक चर्चित लेखक बन चुका था, जिसे लोग भुवनेश्वर के नाम से जानते थे, वह बड़े चैन से आम के पेड़ की छाँव में सो रहा था। रमेश बाबू उस पर क्रोध करना चाहते थे, पर भुवनेश्वर के चेहरे की विश्रांति ने उन्हें शांत कर दिया था।

रमेश बाबू जब अपने मित्र को लेकर घर लौटे तो दोपहर हो चुकी थी। उन्होंने अपने मित्र का सभी से एक कहानीकार के रूप में परिचय कराया। रमेश बाबू और उनके कुछ मित्रों के अलावा उस समय तक गाँव में किसी ने उनकी रचनाएँ नहीं पढ़ी थीं, पर उनके व्यक्तित्व की विचित्रता के किस्से सभी ने सुने थे। उनको देखते ही लगता था कि कहानियाँ जैसे उनके जीवन का, उनके व्यक्तित्व का हिस्सा हैं। वह जो कुछ भी कहते कहानी जैसा लगता। एक सच्ची कहानी जैसा और वह स्वयं वर्तमान में घटित हो रहे किसी नाटक के सूत्रधार जैसे लगते, जो हिंदी, अंग्रेजी, उर्दू, बंगला जैसी कई भाषाएँ धाराप्रवाह, बिना पलक झपकाए, फर्राटे से बोलता चला जाता है। लोग विस्मय और सम्मोहन के बीच कहीं अटके उन्हें देखते-सुनते रह जाते। सभी से मिलने के लिए शाम का वक्त तय हुआ।

अँधेरा होने से पहले ही रमेश बाबू के कई मित्र भुवनेश्वर से मिलने आ पहुँचे। बरामदे में दो-तीन तख्त डाले गए थे। उन पर दरी-चादरें बिछी थीं। खूँटियों पर दो बड़ी-बड़ी लालटेनें टाँग दी गई थीं। रमेश बाबू , भुवनेश्वर और महीप एक तख्त पर बैठे थे। सामने के दो तख्तों पर रमेश बाबू के मित्र बैठे थे। वातावरण में अजीब सा कौतूहल और उत्सुकता तैर रही थी। नौकर-चाकर और घर की महिलाएँ दूर से टकटकी लगाए भुवनेश्वर को देख रहे थे। वह सालों पुराने अपने कॉलेज के दिनों के किस्से सुना रहे थे। लोग किस्सा नहीं सुन रहे थे, जैसे सब कुछ अपने सामने घटता हुआ देख रहे थे। वे उनके हाव-भाव और फैलती-सिकुड़ती आँखों को ऐसे देख रहे थे, जैसे उनके आगे किसी नाटक का मंचन हो रहा हो।

तभी भुवनेश्वर उठ खड़े हुए, बोले, ‘‘बस, बाकी फिर कभी, अभी थोड़ा टहलकर आते हैं।’’ अचानक सभा के विसर्जन से लोग कुछ निराश हो गए। रमेश

बाबू ने स्थिति समझते हुए सबसे सुबह आने को कहा। भुवनेश्वर, रमेश बाबू, उनके मित्र और महीप उसी समय नहर की ओर टहलने चल पड़े। उनके आगे-आगे एक आदमी लालटेन लेकर चल रहा था। महीप अभी भी लालटेन के प्रकाश से जमीन पर बनती लंबी-लंबी परछाइयों में भुवनेश्वर की परछाईं को, बाकी लोगों से अलग करके देखने का प्रयत्न कर रहा था। परछाइयाँ उनके पीछे लगातार लंबी होती हुई अँधेरे में घुलती चली जा रही थीं। कोई आपस में बातचीत नहीं कर रहा था, पर परछाइयाँ आपस में लगातार उलझ रही थीं। नहर के किनारे पहुँचने पर भुवनेश्वर एक जगह अचानक रुक गए। लालटेन की रोशनी में उनकी लाल आँखें किसी शिकारी-सी चमक रही थीं। उन्होंने एक-एक कर, साथ आए सभी लोगों को ध्यान से देखा। उनकी आँखों में एक अजीब सा सन्नाटा था। वे अपने समय से बहुत आगे देखती प्रतीत हो रही थीं। उन्होंने रमेश बाबू की ओर देखते हुए कहा, "डू यू नो हू आइ ऐम?...आइ ऐम द घोस्ट ऑफ भुवनेश्वर, हू हैस डाइड इन इलाहाबाद, दिस मॉर्निंग।" सब अवाक् रह गए। वह ऐसा कहते हुए अपनी बाँहें फैलाकर पंजों पर खड़े हो गए थे। उनके कुर्ते की लंबी आस्तीनें खिसककर नीचे आ गई थीं। सभी ने पहली बार देखा था उनके हाथों पर बड़े-बड़े काले चकत्ते थे। महीप उन्हें देखकर सहम गया था। वह अब भी उनकी दूर तक फैली विशाल परछाईं देख रहा था, जिसके हाथ लंबे होकर अँधेरे में घुल गए थे। वह फिर बोले, "मैं आज सुबह इलाहाबाद स्टेशन पर मर चुका हूँ, मैं भुवनेश्वर! ...यहाँ मैं भुवनेश्वर का भूत हूँ।" सब स्तब्ध, एकटक उन्हें देख रहे थे। रमेश बाबू के माथे पर पसीने की बूँदें चमक रही थीं। भुवनेश्वर ने अपनी बाँहें नीचे करते हुए जोर का ठहाका लगाया और रमेश बाबू की पीठ पर धौल जमाते हुए बोले, "तुम तो सचमुच ही डर गए।"

सभी लोग उसी समय घर की ओर लौट पड़े। रमेश बाबू ने भुवनेश्वर के सोने की व्यवस्था बैठक के बगल वाले कमरे में अलग से की। उस रात ग्यारह साल का महीप पूरी रात नहर के किनारे दूर तक फैली भुवनेश्वर के भूत की परछाईं को याद कर-करके सिहरता रहा।

सुबह उठते ही महीप भागकर बैठक में पहुँचा। बैठक में उसके पिता अकेले बैठे थे। बैठक के बगल वाले कमरे में पड़ी चारपाई खाली थी। भुवनेश्वर, रमेश बाबू को बिना कुछ बताए रात को ही वहाँ से चले गए थे।

सूरज धीरे-धीरे ऊपर चढ़ रहा था। रमेश बाबू के कई मित्र आकर बैठक

में बैठ गए थे। रमेश बाबू ने उनमें से एक को वह पत्र थमा दिया, जो भुवनेश्वर जाते समय चारपाई पर छोड़ गए थे। पत्र में बिना किसी औपचारिक अभिवादन एवं संबोधन के लिखा था—

" सच की जमीन बहुत ऊसर और भयावह है। उसमें आने वाली पीढ़ी के लिए नया सच रोपना, उसे सींचना, फिर से उपजाना, उसकी खेती करना और भी भयावह है। ऐसी संभावनाओं को समाज और साहित्य के भेड़िए दूर से ही सूँघ लेते हैं। उन्होंने मेरी मुट्ठी में छिपे सच के बीजों को भी सूँघ लिया है। वे एक-दो नहीं हैं। वे सौ-दो सौ भी नहीं हैं। वे असंख्य हैं। वे टिड्डियों के दल की तरह एक साथ हमला करते हैं। वे मीलों-मील फैली, लहलहाती, हरी-भरी फसल को पल भर में साफ कर देते हैं। वे इस जमीन को ऊसर ही बनाए रखना चाहते हैं। वे मेरी आजादी का शिकार करने निकले हैं। वे किसी भी तरह के नए विचार का शिकार करने निकले हैं। उनके पैने दाँत, बड़े-बड़े जबड़े हर नई रचना को, हर नए विचार को चीर डालते हैं। मैं उनसे भाग नहीं रहा हूँ। मैं उनसे लड़ रहा हूँ। पर निश्चय ही, वे एक न एक दिन मुझे मार डालेंगे। उन्होंने पहले मेरे नाटकों को, फिर एक-एक कर मेरी कहानियों को खा लिया है। वे एक साथ झपटते हैं। मैं एक शहर से दूसरे शहर बहुत तेजी से भाग रहा हूँ। पर वे बहुत तेजी से दौड़ते हैं। वे कैसे भी ढूँढ़ निकालेंगे मुझे कच्चा चबा जाने के लिए। मैं हर बार एक नई रचना, एक नया विचार उछाल देता हूँ, जीभ लपलपाते इन भेड़ियों की ओर और भाग निकलता हूँ, पर अब मेरे पास कुछ नहीं बचा है उन्हें देने के लिए, मेरे इस नाम और शरीर के सिवा। अगर मुझे अपनी आजादी, अपने विचार बचाकर निकलना है इस भयावह ऊसर से तो मैं इस नाम को, इस शरीर को भी उछाल दूँगा इन भूखे भेड़ियों के आगे और बच निकलूँगा अपनी आजादी, अपने विचारों के साथ। फिर सदियों भेष बदलकर गर्व से सुनाता रहूँगा उन भेड़ियों से एक मनुष्य के बच निकलने की विजयगाथा।

" मैं भुवनेश्वर नहीं, भुवनेश्वर का भूत हूँ। "

पत्र पढ़े जाने के बाद बैठक में सन्नाटा छा गया। धीरे-धीरे सभी लोग वहाँ से चले गए। पत्र टेबल पर रमेश बाबू के चश्मे से दबा हुआ, उड़ने के लिए, मुक्त होने के लिए, फड़फड़ाता रहा। रमेश बाबू बगल के कमरे में पड़ी चारपाई पर बिछी चादर की सिलवटों को देख रहे थे। शायद वह उन सिलवटों में भुवनेश्वर के होने के सबूत ढूँढ़ रहे थे।

ठीक एक हफ्ते बाद, रमेश बाबू के एक मित्र जो इलाहाबाद में वकील थे, उनका पत्र आया था जिसमें उन्होंने लिखा था—"पुलिस को इलाहाबाद रेलवे स्टेशन के सामने, टीन के शेड के नीचे, चाय की दुकान के पास, एक भिखारी की लाश मिली है। उसने एक बरसाती ओढ़ रखी थी। वह कई दिनों से इसी चायवाले के पास रह रहा था। कुछ लोगों ने उसकी शिनाख्त, तुम्हारे लेखक मित्र भुवनेश्वर के रूप में की है। उसकी मुट्ठी में भिंचे कागज पर एक कविता लिखी थी, जो शायद भुवनेश्वर के द्वारा कभी अपनी माँ की याद में लिखी गई कविता थी—

यह टूटी-फूटी जीर्ण अँगीठी
मेरे शैशव की स्मृति है
यह जो निज सूनेपन में
उपस्थित रीती-रीती है
आज न तेरे उर में आशा
और न मेरे उर में आशा
बने हुए हैं हम-तुम दोनों
किस बीते युग की परिभाषा।

रमेश बाबू के सामने बार-बार भुवनेश्वर के पत्र में लिखी पंक्तियाँ तैर रही थीं—"मैं इस नाम को, इस शरीर को भी उछाल दूँगा इन भूखे भेड़ियों के आगे और बच निकलूँगा अपनी आजादी, अपने विचार के साथ।"

चोरजेब

बादल ऐसे घिरे थे कि दिन में रात लगती थी। मानो सूरज को ग्रहण लग गया हो। तेज हवा के साथ उड़ती छोटी-छोटी बूँदों ने तापमान ग्यारह से सात डिग्री पर ला दिया था। साँस खींचो तो फेफड़ों में टीस उठती थी और छोड़ो तो पसलियाँ काँप जाती थीं। होंठ नीले और चेहरा पीला हुआ जाता था। पार्किंग की जगह रेस्टोरेंट से बहुत दूर मिली थी। गाड़ी से निकला तो ठंड भीतर तक धँसती मालूम हुई। लगता था वहाँ तक पहुँचते-पहुँचते टाँगें जड़ हो जाएँगी। फिर भी वह गले में लिपटे मफलर को नाक तक चढ़ाए, कोट की जेबों में हाथ डाले, गीली सड़क पर आगे बढ़ता जा रहा था।

तभी फोन की घंटी बजी। इसे भी अभी ही आना था फिर सोचा, सुन लें शायद बेटी का हो पर याद नहीं आया कि फोन कहाँ रखा है, इसलिए उसने बारी-बारी अपनी पैंट, कोट और शर्ट की जेबें टटोलीं पर फोन नहीं मिला। लगा फोन नहीं है पर है तभी तो बज रहा है। शायद वह कोट की चोरजेब में है जिसका प्रयोग वह बहुत कम करता है। चोरजेब का खयाल आते ही उसका हाथ कोट के भीतर सरक गया। हाथ फोन को छू पाता कि फोन कट गया। उसे लगा उसके भीतर भी एक चोरजेब है। शायद सभी के भीतर एक चोरजेब होती है जिसमें हम कुछ जरूरी चीजें रख छोड़ते हैं। जब उन जेबों में से कोई आवाज आती है तो हम मन के सारे कोने टटोलते हैं सिवाय उस चोरजेब के। यह उस चोरजेब में रख छोड़ी गई चीजों से बच निकलने का एक सरल तरीका है जिससे वे हमारे साथ रही भी आती हैं और हम उन्हें खुद की और दूसरों की नजरों से बचाए भी रखते हैं। बढ़ती उम्र में उससे लगातार दूर होती जाती बेटी, हड्डियों के भीतर से उठता दर्द, नितांत निजी कोने में सँजोया अकेलापन और श्रीमती नलिनी महापात्रा की उदास पनीली आँखें, यह सब उसकी चोरजेब में ही तो है।

सामने एक रेस्टोरेंट दिख रहा है। शायद यही वह जगह हो जहाँ उसे नलिनी

महापात्रा से मिलना है। पास जाकर पता चला, यहाँ सिर्फ जगह के नाम का बोर्ड है। रास्ता पीछे से है। एक सँकरी गली में तंग-सी सीढ़ियाँ हैं। वह झुँझलाता है। कहीं कुछ भी सीधा नहीं है। न लोग, न रास्ते। घुटनों में दर्द के बावजूद वह अपेक्षाकृत तेजी से सीढ़ियाँ चढ़ता है। वह अकसर किसी अंदरूनी उत्तेजना में ऐसा करता है। श्रीमती महापात्रा जब भी दिल्ली आतीं खुद ही मिलने चली आतीं। पिछली बार जब आई थीं तो उन्होंने रात का खाना साथ ही खाया था। बहुत देर तक बातें करती रहीं। उन्होंने चलते हुए कहा था, "घर बहुत अच्छे से रखा है आपने, हर कोने पर आपकी पसंद की छाप है।" उस समय उसने बड़ी बेफिक्री से कहा था, "जी, जब तक यहाँ हूँ, अपनी तरह से रखा है, वरना घर तो आपका ही है, जब कहेंगी सामान समेटकर चल दूँगा।" इस पर कुछ उदास होते हुए उन्होंने कहा था, "मैं जानती हूँ आप बड़े हिम्मत वाले हैं पर इतने दिनों से इस घर में हैं, अब इसे छोड़कर कहाँ जाएँगे? जब तक चाहें रहिएगा। अब केवल मकान मालिक और किराएदार का रिश्ता नहीं है हमारा।" ऐसा कहते हुए उनकी आँखें एक जगह स्थिर हो गई थीं फिर अगले ही पल पलक झपकाते हुए कहा था, "अब हम दोस्त भी हैं।"

इस बार इतनी ठंड में उनका उसे रेस्टोरेंट में बुलाना कुछ अजीब था। फिर भी उसे लग रहा था कि उनसे मिलकर दिल कुछ हलका हो सकेगा। सालों से उनके मकान में किराएदार है। साल में दो-एक बार ही मुलाकात होती है। हर बार मिलकर अच्छा लगता है पर हर बार कुछ अनकहा रह जाता है। जैसे दोनों एक-दूसरे के अकेलेपन को छूते तो हैं पर उसमें पाँव रखने से डरते हैं।

सीढ़ियाँ खत्म हो गईं। सामने दीवार पर एक शीशा आ गया जिसमें देखकर उसे अहसास हुआ कि वह यह सब सोच नहीं रहा है बल्कि बाकायदे बड़बड़ा रहा है। क्या सोच रहे होंगे उसे देखकर नीचे उतरते हुए लोग? क्या वे मन ही मन उसकी उम्र को कोस रहे होंगे? नहीं, अट्ठावन की उम्र भी कोई उम्र होती है। वह पीठ सीधी करते हुए रेस्टोरेंट में दाखिल हुआ। सामने ही बैठी हैं—नलिनी महापात्रा। इस बार साल भर बाद देख रहा है उन्हें, थोड़ी दुबली हो गई हैं। रूप जस का तस पर चेहरा थोड़ा बुझा हुआ। उसे देखकर उन्होंने कृत्रिम मुस्कान ओढ़नी चाही पर वह बीच में ही चिरकर खिसियाहट में बदल गई फिर भी उन्होंने बात को शुरू करने के लिए पूछा, "कैसे हैं? बेटी कैसी है?" उसने सपाट-सा जवाब दिया, "मैं ठीक हूँ, बेटी तो अब आपके शहर बंगलौर में ही पहुँच गई है।

अभी कल ही बात हुई, आपका बेटा कैसा है?" उन्होंने टेबल पर टिकी कोहनियाँ खींचकर, हाथों से कोट के सिरों को कसते हुए कहा, "वह ठीक है। शादी कर रहा है।" "वाह! अच्छा है, इतना बड़ा हो गया! समय कैसे बीत जाता है!" उन्होंने साँस छोड़ते हुए कहा, "हाँ, अब बहुत बड़ा हो गया...आपकी बेटी क्या कर रही है?" "अभी तो किसी कंपनी के साथ ट्रेनिंग पर है पर इसके बाद वह शादी नहीं करना चाहती बल्कि फरदर स्टडीज के लिए बाहर जाना चाहती है।" "ये तो अच्छा है, देखिए ये भी क्या संजोग है, इतनी बार दिल्ली आना हुआ पर आपकी बेटी से मुलाकात नहीं हो सकी।"

वेटर पहले से ऑर्डर की गई कॉफी के दो मग टेबल पर रख गया। कुछ पल उनके बीच खामोशी तिरती रही फिर जैसे उन्होंने अपने ही भीतर डूबते हुए कहा, "मैंने आपको यहाँ इसलिए बुलाया है क्योंकि मैं जो कहना चाहती हूँ वह आपके घर पर नहीं कह पाऊँगी। मैं जानती हूँ, इस मौसम में आपको तकलीफ तो होगी पर मैं चाहती हूँ कि आप...मकान खाली कर दें।" उसके बाद जैसे बीच की टेबल लंबी होती चली गई। उसे लगा जैसे बाहर की सर्दी शीशे को भेदती हुई भीतर आकर सीधी उसकी हड्डियों में समा रही है। अनजाने ही उसने अपनी चोरजेब में हाथ डाला और कोई नामालूम-सा सहारा ढूँढ़ने लगा। तभी उसे लगा उसकी चोरजेब में कई सच्चाइयों के साथ कई झूठ भी हैं जो उसी ने खड़े किए हैं। उनमें से एक अभी-अभी उसने नलिनी महापात्रा से बोला था। अपनी बेटी के बारे में कि उससे अभी कल ही बात हुई है, जबकि उससे बात हुए तो महीनों बीत जाते हैं। कैसे कहे उनसे कि वह अट्ठावन का नहीं बासठ साल का है। उसमें हिम्मत नहीं कि वह यूँ अचानक इस मौसम में रहने की जगह तलाशे और उसके लिए यह भी बहुत मुश्किल है कि वह मकान जिसमें बारह साल से वह अपना घर समझकर रहता आया है, यूँ अचानक खाली कर दे।

उन्होंने बहुत दूर से आती-सी आवाज में कहा, "देखिए, ऐसे यूँ अचानक यह सब कहना मुझे भी अच्छा नहीं लग रहा है पर मेरा बेटा शादी के बाद यू. एस. में सेटल होना चाहता है और उसका कहना है कि मुझे उसके जाने से पहले यह प्रॉपर्टी बेच देनी चाहिए। दरअसल उसे पैसे की जरूरत है।" वह श्रीमती महापात्रा की बातों में अपने घर को मकान, मकान को प्रॉपर्टी और प्रॉपर्टी को पैसे में बदलते हुए देख रहा था। वह अपनी उस जेब से नलिनी महापात्रा की उदास पनीली आँखें निकालकर उनकी असली आँखों से मिला रहा था। वे मेल

नहीं खा रही थीं। वे अपने बेटे के आगे हारी हुई लग रही थीं। तभी जैसे उन्होंने अपनी बात पर और वजन रखने के लिए कहा, "यह सब मुझे इसी हफ्ते करना होगा। अगले महीने उसकी शादी है। यह देखिए उसके एंगेजमेंट की तसवीर।" उन्होंने अपने मोबाइल पर एक तसवीर को बड़ा करते हुए उसकी ओर बढ़ा दिया। उसमें उनका बेटा और उसकी होने वाली पत्नी थे। उसे श्रीमती महापात्रा की बात के समर्थन के लिए किसी सबूत की जरूरत नहीं थी। फिर भी उसने एक उड़ती नजर उस तसवीर पर डाली। उसे विश्वास नहीं हो रहा था कि तसवीर में नलिनी महापात्रा के बेटे के साथ उसकी बेटी भी थी।

उसने फिर अपने मन की उस चोरजेब को टटोला जिसमें उसे अभी भी उन तमाम चीजों के होने का आभास हो रहा था जो किसी अनजाने, अनदेखे समय में उसे थाम लेने के लिए उसने वहाँ रख छोड़ी थीं पर उसे लगा, जैसे वह धीरे-धीरे खाली हो रही थीं। उसमें अचानक ही कई छेद हो गए थे। उसने काँपते हाथों से अपने कोट की चोरजेब से अपना फोन निकाला। उसमें बहुत देर पहले आई एक मिस्ड कॉल थी पर वह नंबर इस बार भी उसकी बेटी का नहीं था।

उसके बाद वह श्रीमती नलिनी महापात्रा से घर खाली करने के लिए एक दिन की मोहलत लेकर एक बासठ साल के घुटनों के दर्द से आजिज आ चुके इनसान की तरह रेस्टोरेंट की सीढ़ियाँ उतरता हुआ गली में आ गया।

निर्भया नहीं मिली...

लाल होते आसमान में दिन और रात दम साधे हुए खड़े थे और उनके बीच साँझ धीरे-धीरे वेदना जन रही थी। उसके खो जाने से बच्चों की सी रुलाई गले तक भरी आती थी...

वह अकसर ऐसे खेल खेला करती थी। कभी छिप जाती। कभी चीजें छिपा देती। छिपाती क्या बस उन्हें अपनी जगह से जरा सा यहाँ-वहाँ कर देती और मुझे लगता, वे खो गई हैं। मैं उन्हें ढूँढ़ते-ढूँढ़ते हैरान हो जाता। वह मुझे खूब खिजाती, फिर मेरे देखते ही देखते उस चीज को बड़ी सहजता से अपनी नई जगह से उठाकर मेरे सामने रख देती।

बड़े दुलार से कहती, "किस दुनिया में खोए रहते हो, सामने रखी चीज नहीं दिखती...चीजें हमेशा उस जगह नहीं मिला करतीं जहाँ तुम उन्हें छोड़ देते हो, या जहाँ तुम उनके होने की उम्मीद करते हो। कई बेजान दिखने वाली चीजें भी अपनी जगह बदल लेती हैं।"

मैं हाथ पकड़कर उसे अपने पास बिठा लेता, "तुम अपनी जगह मत बदलना, कहाँ ढूँढूँगा तुम्हें।" वह मेरा सिर अपनी बाँहों में लेकर सीने से चिपटा लेती। मैं उसकी छातियों के बीच ही बुदबुदाता, "तुम्हारे बिना तो मैं खुद को भी नहीं ढूँढ़ सकता।" वह और जोर से भींच लेती। कुछ देर तक मेरी साँस रुकी रहती फिर जैसे उसे मेरी रुकी हुई साँसों का खयाल आता और वह अपनी पकड़ बस इत्ती-सी ढीली करती कि उसमें से सिर्फ हवा घुस सके, रोशनी नहीं। मैं उस नर्म अँधेरे में नाक गड़ाकर साँस खींचता जो उसकी खुशबू से सराबोर होती, ऐसा करके मैं खुद को आश्वस्त करता कि उसे कभी नहीं खोऊँगा पर वह जानती थी कि एक दिन वह अपनी जगह बदल लेगी और शायद इसीलिए मुझे धीरे-धीरे उस आपात स्थिति के लिए तैयार करती।

गर्मियों में उसके दुपट्टे से एक अलग ही गंध आती। वह शायद धूप में

चलकर आने के कारण माथे पर छलक आए पसीने की होती जिसे वह दुपट्टे के कोने से पोंछती। यह खुशबू हवा में नशा घोल देती, उसके आसपास एक रहस्य रचती। छिपना, खो जाना, वहाँ होकर भी न होना, होश खोकर निढाल पड़ जाना...मर जाना, उसके लिए खेल था। पर भीतर ही भीतर शायद वह खो जाने से, कहीं चले जाने से, या फिर मर जाने से डरती भी रही होगी। थोड़ी देर को अपने लिए किसी को हैरान होते देखना जैसे उसे अच्छा लगता। मानो वह जानना चाहती कि उसके दुनिया में न रहने पर क्या है जो नहीं रहेगा? उसके खो जाने पर कौन उसे ढूँढ़ने निकलेगा?

मैं चाहता था कि सब कुछ ऐसा ही रहा आए। वह जानती थी कि कुछ भी ऐसा नहीं रहेगा। वह गीले कैनवास पर अधसूखे रंगों को धीरे से छूती...कहती, "कितने अच्छे हैं...पर धुँधला जाएँगे।" मैं आँखें बंद करके कहता, "मैं और बना दूँगा, इनसे भी अच्छे और चटक, और गहरे।" हम और पास आ जाते पर एक अजीब सी दूरी हमारे बीच फिर भी बनी रहती। लगता दोनों अलग-अलग समय में खड़े एक ऐसे पल को पकड़ने के लिए हाथ बढ़ा रहे हैं जो किसी तीसरे समय में है। ऐसा करते हुए मुझे अपने गाँव की नहर में तैरती हुई एक लड़की याद आती जो तेजी से तैरते हुए किनारे की घास का एक तिनका तोड़ती हुई ले जाती थी। मुझे लगता वह पल उसी तिनके जैसा है बहुत छोटा—मामूली पर उस तैरती हुई लड़की के लिए बेहद जरूरी। हम भी उस पल को टटोलते हुए किसी नहर में तेजी से तैरने लगते फिर उस पल को ठीक सामने पाकर हम एक-दूसरे को कसकर पकड़ लेते। हमारे बीच की दूरी मिट जाती, इतनी कि हम चाहकर भी एक-दूसरे को देख नहीं पाते। हमारे चारों ओर बस उस पल की चमक ही होती।

मैं कहता, "तुम बहुत अच्छी हो।" वह न में सिर हिलाती। मैं कहता, "हम दोनों बिलकुल एक जैसे हैं।" वह अपने को जैसे इस वाक्य से बिलग करती हुई कहती, "नहीं, तुम बहुत प्यारे हो।" मैं वाक्य से उसके बिलग होने को लक्ष्य नहीं करता। वह निरापद हो कहती, "...प्यारी चीजें खो जाया करती हैं, तुम भी खो जाओगे।" पता नहीं मुझे अपने अच्छे होने या उसके ऐसा कहते हुए निरापद होने पर गुमान होता। मैं उसे खींचकर उसकी उदासी उतार देता। वह मुस्करा देती।

आज जैसे उसने खुद को छिपा लिया या अपने होने की जगह बदल ली। मैं उसे ढूँढ़ता हुआ खीज रहा हूँ। मैं इतना खीज गया हूँ कि उसे नहीं ढूँढ़ पा

रहा हूँ। वह यहाँ नहीं है जो मेरे लिए खुद को ढूँढ़कर मेरे सामने ला खड़ा करे। मैं कमरे में बिखरे ब्रुश, रंग, कैनवास सब उलट-पुलटकर देख रहा हूँ। एक कोने में उसकी छतरी टिकी है। बारिश में नहीं, धूप में लगाने के लिए। एक कोने में उसकी सैंडिल पड़ी हैं। एक की एड़ी, दूसरे पर चढ़ी हुई। एक दिन वह रूठकर बिना इन्हें पहने ही चली गई थी। वह जानती थी मैं इस कमरे की कोई भी चीज नहीं बदलूँगा और उसके जाने के बाद भी यह छतरी, ये सैंडिल ऐसे ही रखे रहेंगे। हमेशा-हमेशा के लिए।

मैं मदद के लिए कुछ लोगों को फोन करता हूँ। वे कहते हैं, "उन्होंने उसे कभी नहीं देखा।" मैं अकेले ही उसे ढूँढ़ने की हिम्मत करता हूँ। मुझे आज अपने लिए उसे ढूँढ़ना होगा। मैं जा रहा हूँ...पर मैंने तो कभी कुछ ढूँढ़ा ही नहीं, बस रास्ते तय किए, समय बिताया, साँसें लीं...और? और उसे चाहा। वही सब कुछ रखती गई रास्ते पर...और उसी से पसंद-नापसंद बनती गई मेरी। आज उसे ढूँढ़ना, खुद को ढूँढ़ने जैसा है।

उसके जाने के बाद बनी खाली जगह में भी वही रही आती है। वह गंध जैसी है जो किसी के न होने पर भी होती है। जहाँ-जहाँ वह बैठी थी, मैंने जस का तस उतार लिया था उसे अपने कैनवास पर। आज फिर एक तसवीर बनानी है उसकी।...पर वह कमरे में कहीं नहीं है।

मैं निकल पड़ता हूँ..., बाहर अँधेरा हो चला है। अभी लोगों ने बत्तियाँ नहीं जलाई हैं। मैं उसका घर नहीं जानता पर कई गलियों में भटकता हूँ। कोई चेहरा उसके जैसा नहीं। कोई गंध उसके जैसी नहीं। वह आखिर गई कहाँ? वह कहा करती थी कि मैं खो जाऊँगा पर मैं तो हूँ, सब कुछ है, बस एक वही नहीं है। गली, मुहल्ले, रास्ते, बाजार, पुल, सब नाप रहा हूँ मैं। सब अटे पड़े हैं लोगों से। उनमें से कोई भी आकृति उसकी हो सकती है पर वह कहीं नहीं है। वह अकसर कहती थी, "मैं यहाँ ज्यादा दिन नहीं रहूँगी, मुझे पसंद नहीं है ये भीड़ भरे रास्ते। हाँ, इस एकांत में, गली के नुक्कड़ पर तुम्हारा कमरा मुझे पसंद है जिसकी खिड़की के चौखटे से आसमान का वो हिस्सा दिखता है जिसके नीचे से अमलतास की एक डाल सहसा निकलती है।" मैं कहता, "बाहर और बड़ा आसमान है, अमलतास की डाल के नीचे पूरा पेड़ है, उसका आसमान में निकलना सहसा नहीं है।" वह कहती, "होगा! मुझे क्या, मेरे लिए बस इतना बहुत है, तुम इतना ही आसमान उस अमलतास की डाल के साथ कैनवास पर बनाकर रख छोड़ना मेरे

लिए।...क्योंकि यह खिड़की से दिखता आसमान जिसे सिर्फ मैं और तुम जानते हैं, खो जाएगा एक दिन।" वह ऐसा कहते हुए खिड़की के पास जाकर गहरी साँस लेती। कहती, "...यहाँ कुछ भी हमेशा नहीं रहता।"

मैं उस खिड़की से दिखते आसमान से बहुत दूर आ गया हूँ। अब मैं कुछ हिलती-डुलती आकृतियाँ देखता हुआ एक चौड़ी और सुनसान सड़क पर आ जाता हूँ जिस पर कभी-कभी कोई गाड़ी सन्नाटा तोड़ती हुई तेजी से निकल जाती है। तभी मुझे लगता है, वहाँ से एक बस निकली है। एक आकृति जो हिलती हुई आगे बढ़ रही है। वह अभी-अभी उस बस में चढ़ी है, यह वही है। मैं उस बस के पीछे भागता हूँ। लगता है, वह मुझे आवाज दे रही है, शीशे के उस पार से हाथ हिला रही है। वह बहुत तकलीफ में है। मैं भागकर बस मैं चढ़ जाता हूँ। मैं चढ़ते हुए, गिरते-गिरते बचता हूँ। फिर भी मैं चढ़ जाता हूँ। वह बस में नहीं है। जो बस में हैं वे मुझे चलती बस से धकेलकर नीचे उतार देते हैं। मैं दौड़ते हुए उतरता हूँ। मुझे उतरने और दौड़ने के बीच याद आता है कि जिन्होंने मुझे उतार दिया है, उनके हाथ लाल हैं।

मैं हाँफ जाता हूँ।

मैं एक सुनसान पार्क की खाली पड़ी एक बेंच पर जा बैठता हूँ। जब कोई अपनी जगह पर नहीं होता तो फिर वह कहीं भी हो सकता है। या फिर उसे कोई भी दिशा लील सकती है और फिर वह कहीं भी नहीं हो सकता। मुझे लगता है वह अभी, यहाँ इस पार्क में भी हो सकती है। तभी मैं देखता हूँ दूर पार्क के कोने में बैठी एक औरत रो रही है। मैं उसके पास जाता हूँ। हम दोनों की भाषा एक नहीं है। फिर भी मैं पूछता हूँ। वह बताती है। मैं समझ जाता हूँ।

...उसका भी कोई खो गया है। वह भी उस खोए हुए को ढूँढ़ रही है... और उसे भी मेरी तरह विश्वास है कि वह कहीं भी हो सकता है। मैं अपनी जेब से एक कागज निकालता हूँ। वह उस पर बने एक पेंसिल स्कैच को अँधेरे में आँखें गड़ाकर देखती है। उसे अपनी आँखों पर विश्वास नहीं होता। वह पार्क के दूसरे कोने में लगे लैंपपोस्ट की तरफ भागती है। कागज उसके हाथ में है इसलिए मैं भी उसके पीछे भागता हूँ। हमें विश्वास नहीं होता कि हम जिसे ढूँढ़ रहे हैं वह नहीं मिला पर उसे ही ढूँढ़ने वाला दूसरा भी कोई है और वह मिल गया है। हम दोनों को लगता है, 'यहाँ बहुत से लोगों का अपना कोई खो गया है। वे सब

उन खोए हुए लोगों को ढूँढ़ रहे हैं। उन सबके मन में अपने खोए हुए के कभी न मिल पाने का डर है।' बहुत रात हो गई है। अब उसे भी मिल जाना चाहिए। अब हम दोनों खीज रहे हैं।

उसे ढूँढ़ते हुए हम दोनों थक गए हैं। मैं उस औरत को अपने कमरे पर ले आता हूँ। वह उसे तसवीरों में पहचानती है। वह उसकी छतरी...उसकी सैंडिल भी पहचानती है फिर एक के ऊपर एक चढ़ी हुई सैंडिल को उतारकर उन्हें सीधा रख देती है। अब वह उसका होना मेरे होने में देखने लगती है।

आधी रात बीत चुकी है।

वह औरत चाहती है हम फिर उसे ढूँढ़ने निकलें। हम फिर उसे ढूँढ़ने निकलते हैं। मैं उसे इशारे से बताता हूँ मैंने उसे एक बस में चढ़ते हुए देखा था। मैं भागकर उसमें चढ़ भी गया था पर वह उसमें नहीं थी। या शायद वह उसी में थी, मैं ही भागते हुए गलत बस में चढ़ गया था। तभी वह अपनी उसी भाषा में कहती है जो मैं नहीं जानता कि उसने उसे बस से उतरते हुए देखा है। मैं उसकी बात समझ जाता हूँ। पर वहाँ तो कोई बस है ही नहीं...। वह अँधेरे में एक ओर इशारा करती है। हम उस ओर लपकते हैं।

वह वहीं एक जगह जमीन पर माथा टेककर फूट पड़ती है।

उसे विश्वास है उसने अभी थोड़ी देर पहले उसे यहीं एक बस से उतरते हुए देखा है। उसका रोना—बच्चे के न रहने पर किसी माँ के रोने जैसा है। मैं उसके रोने से जान जाता हूँ कि वह जो खो गई है, जिसे हम दोनों ढूँढ़ रहे हैं—यह औरत उसकी माँ है। वह अपने बच्चे को सड़क से उठाकर समेटना चाहती है। वह सड़क से रेत, धूल, मिट्टी समेटकर आँचल में भर लेती है। तभी कुछ चेहरे उस औरत को ढूँढ़ते हुए वहाँ आ जाते हैं। वे बताते हैं कि वह पागल है और कई दिनों से अपने किसी खोए हुए को ढूँढ़ रही है। वे बताते हैं, ''वह खोया हुआ नहीं मिलेगा क्योंकि अब वह है ही नहीं। यह सच है कि वह जो खो गई थी—इसकी बेटी थी। यह भी सच है कि वह एक बस में थी और कई लोगों ने उसे एक रात मेरी तरह हाथ हिलाते हुए देखा था पर वह बस से उतर नहीं सकी थी। मैं उन्हें बताता हूँ कि मैं भी उसे ही ढूँढ़ रहा हूँ जिसे यह ढूँढ़ रही है। वे मुझ पर विश्वास नहीं करते। मैं अपनी जेब से उन्हें कागज निकालकर दिखाता हूँ। वे उस पर बने स्कैच को ध्यान से देखते हैं। उनकी आँखें फटी रह जाती

हैं। फिर वे उस औरत की भाषा में बातें करते हुए उसे लेकर लौटने लगते हैं। इस बार मैं उनकी बातें नहीं समझ पाता। मेरे समझने के बीच में भाषा आ जाती है। वह भाषा जो एक नहीं है—सबकी अलग है, सबके लिए अलग है।

मैं अभी भी उसे ढूँढ़ना चाहता हूँ। तेजी से जाती एक बस में, मैं बिना किसी भाषा के चिल्लाते हुए चढ़ता हूँ। मुझे लगता है, वह उसमें हो सकती है पर वह उसमें नहीं है। मैं फिर कुछ लोगों को फोन करता हूँ। वे झुँझला जाते हैं। वे मुझे विश्वास दिलाना चाहते हैं कि वह कभी नहीं मिलेगी क्योंकि वह कभी थी ही नहीं। मैं उसके होने के सबूत दिखाने के लिए उन्हें अपने कमरे पर बुलाना चाहता हूँ। वे मना कर देते हैं पर मैं निराश नहीं होता।

रात-दिन मिलकर कुछ देर को दम साध लेते हैं। सीने में बहुत तेज दर्द उठता है। आसमान लाल हो जाता है। सुबह होने वाली है। हो सकता है वह खुद ही कमरे पर लौट आई हो। मुझे उसकी एक और तसवीर बनानी है...कमरा खाली है। खाली कमरा देखकर ब्रुश उठाने की हिम्मत नहीं होती। मैं निढाल होकर ठंडे फर्श पर गिर जाता हूँ। मेरे ऊपर छत से लटका पंखा घूम रहा है। उसके डैनों के बीच लगी चकती में मेरा प्रतिबिंब बन रहा है—धराशायी, परास्त। उसकी कही बातें कमरे में तिर रही हैं। वह सही कहती थी, ''आने वाले समय के साथ तुम भी नहीं रह पाओगे, खो जाओगे।'' मुझे अहसास होता है, मैं भी खो गया हूँ क्योंकि अब मैं खोए हुए की भाषा बोल रहा हूँ। ...धीरे-धीरे उसी में बदल रहा हूँ जिसे मैं ढूँढ़ रहा था। अब कुछ-कुछ जान पा रहा हूँ कि वह कहाँ चली गई थी। उसने मेरा हाथ पकड़ लिया है।

पंखा और तेजी से घूमने लगा है—शरीर पर कई हाथ रेंग रहे हैं। कपड़ों में सिलवटें पड़ने लगी हैं। वे खिंचकर फट रहे हैं। तार-तार हो गए हैं। अब देह पर सिलवटें ही सिलवटें हैं। वे गहरी होकर योनियों में बदल रही हैं। शरीर पर रेंगते हाथों में गर्म लोहे की छड़ें हैं। वे शरीर पर उभरी योनियों को दाग रहे हैं। उनके हाथों में नुकीले, धारदार, पैने हथियार उग आए हैं। वे उसके शरीर पर पड़ी सिलवटें छीलकर उतार देना चाहते हैं।

मैं चीखना चाहता हूँ पर गले से जो आवाज निकलती है वह मेरी आवाज नहीं है। वह उसकी है जो खो गया है। यह भाषा भी मेरी नहीं है। यह उस खोए हुए की भाषा है जिसे खो जाने पर ही सीखा जा सकता है। मेरे साथ हजारों खोए

हुए चीखने लगते हैं। पर उन्हें कोई नहीं सुन पाता। इसलिए खोए हुओं की भाषा दुनिया को उनके खो जाने के सबूत नहीं दे पाती। वह मेरे सिर पर हाथ रखकर कहती है, "मैं कभी नहीं मिलूँगी।" मैं छटपटाते हुए पूछता हूँ, "क्यों?" वह सिसकते हुए कहती है, "स्त्रियाँ खो जाने पर फिर कहीं नहीं मिलतीं, मैं तो तुमसे मिलने से कई साल पहले से खोई हुई हूँ।" मैं गिड़गिड़ाता हूँ, "...पर तुम तो मेरे साथ रही आती थीं, ये देखो, ये सब तुम्हारे ही चित्र हैं।" वह मेरे दर्द से बिलग होकर निरापद हो जाती है, फिर दूर से आती हुई आवाज में कहती है, "मुझे लगता था तुम खोए हुए की भाषा जान पाओगे, इसलिए मैं तुम्हारी स्मृतियों में, तुम्हारे चित्रों में रही आती थी।"

ऐसा कहते हुए उसकी आवाज दरकने लगती है। मैं देखता हूँ, देह के साथ उसकी भाषा भी लहूलुहान और विकृत हो गई है। उसके शरीर के घावों से रक्त की बूँदें छिटककर कैनवास पर पड़ रही हैं। वे नीचे बहने लगी हैं, उनसे कुछ भयावह चेहरे, कुछ अँधेरी गलियाँ, कुछ सुनसान सड़कें, कुछ अजनबी शहरों के नक्शे, कुछ सनसनाती गाड़ियाँ बन-बिगड़ रही हैं। मैं उन अजनबी शहरों के नक्शों में, उनकी सड़कों पर तेजी से भागती गाड़ियों के पीछे भागना चाहता हूँ, भागता हूँ, भागते-भागते खो जाता हूँ।

उस दिन के बाद, मैं भी किसी को नहीं मिलता। हालाँकि उस दिन के बाद भी कई आदमी उन सभी शहरों में, अपने पुराने पतों पर पहले की तरह रहे आते हैं... मेरी तरह कुछ अपने खोए हुए को ढूँढ़ने भी निकलते रहे होंगे...और फिर मेरी तरह वे भी खो गए होंगे।

उजाले का अँधेरा

घर से निकलने से पहले उसे लगा कि वह एक बार गहरी नींद में सोती निशा को नींद से उठाए। वैसे नहीं जैसे वह कभी उसे दोपहर की नींद से उठाता है बल्कि झिंझोड़कर इस तरह उठाए जिससे उसकी सालोसाल पुरानी नींद, जिसमें वह जागते हुए भी बनी रहती है, टूट जाए और फिर अपने सीने में दबे आए तमाम गुस्से को इकट्ठा करके कहे कि वह इस घर से जा रहा है और वह भी कभी न लौटने के लिए। वह अपने जीवन से, उसकी रोज-रोज की खिट-खिट से ऊब गया है, आकंठ भर गया है। उसे सोते-जागते हमेशा ये अहसास होता है कि मानो वह फट पड़ेगा, बह निकलेगा उसका दुःख—कभी भी, कहीं भी। उसने सोचा कि वह उठाकर कहे उससे कि जिस दांपत्य की बात दिन की रोशनी में वह सबके सामने मुस्करा-मुस्कराकर करते हैं, रात में उसी दांपत्य का खोखलापन उसे निगलने के लिए मुँह फाड़ता है। वह एक साथ, एक छत के नीचे रहते हुए अलग-अलग दिशाओं के सफर पर हैं। एक ऐसे सफर पर जिसकी कोई मंजिल नहीं है।

...पर उसने उसे नहीं उठाया। उसे लगा शायद उसे जगाकर उससे यह सब कह देने में उसकी बहादुरी नहीं बल्कि उसके भीतर की कोई कमजोरी है, वह अपने निर्णय से डिग जाने के लिए बहाना ढूँढ़ रहा है, वह जानता है कि उसके ऐसा करने पर कुछ भी हो सकता है पर उसका इस तरह घर से जाना नहीं हो सकेगा। वह फिर सदा की तरह ऐसे ही इसी चारदीवारी में रहा आएगा। शायद इसीलिए उसके मन में यह खयाल आ रहा है कि वह जाने से पहले उसे जगाए और वो एक-एक बात उससे कह डाले जो हमेशा किसी न किसी लिहाज में उसने नहीं कही पर वह जानता है कि यह सब कह चुकने के बाद उसका क्रोध चुक जाएगा, वह रीत जाएगा—इस क्रोध से, इस तनाव से और इस तरह, इस समय निमिष और निशा को छोड़ के, नहीं जा सकेगा।

क्षण भर बाद उसे अपने आप पर, अपने मान पर, अपनी घृणा और क्रोध पर ही संदेह होने लगा। उसे लगा कि यह सब शायद उसका अपने आप को समझाने का ढोंग भर है, वह दरअसल इस सबसे मुक्त होना ही नहीं चाहता, जाना ही नहीं चाहता यहाँ से या फिर उसमें साहस ही नहीं है, यहाँ से चले जाने का। वह सोचने लगा, 'क्या हर गृहस्थ ऐसे ही ऊबता होगा अपनी गृहस्थी से?...भाग जाना चाहता होगा चुपचाप रात के अँधेरे में...पर ऐसा चाहते हुए भी बना रहता होगा अपने घर पर ही, अपने परिवार के साथ...किसी अनजाने डर से घिरा हुआ, कोने में दुबका...सालोसाल।'

उसे विश्वास हो चला कि वह रोज छोटी-छोटी लड़ाइयाँ लड़कर अपने आप को किसी बड़ी लड़ाई के उस अप्रत्याशित खतरे से बचाता आ रहा है, जिसके बाद वह सब वैसा नहीं रहा आएगा जिसकी शायद उसे आदत हो गई है। अपने भीतर झाँककर जैसे उसने खुद को धिक्कारा—वह एक कायर, डरपोक और घरघुसरा आदमी है जो कई बार अपने को साहसी दिखाने के लिए बेवजह चिल्लाता, दहाड़ता, चिंघाड़ता है, यहाँ-वहाँ पाँव पटकता है पर कुछ कर नहीं पाता...ऐसा करते हुए उसके अहम को बहुत गहरी चोट लगी।

...पर आज वह बहुत निर्मम था—जीवन के प्रति, अपने प्रति, अपनी दुर्बलताओं के प्रति, आज वह रेशा-रेशा अपने दुःख को छील रहा था। वह किसी तरह उसके शांत हो जाने पर, उसे किसी समझौते पर पहुँचते हुए नहीं देखना चाहता था बल्कि वह उस ऊब से जन्मे क्रोध पर सवार हो यहाँ से चले जाना चाहता था। वह जैसे लगातार अपने क्रोध पर धार धर रहा था। वह उस नामालूम से ज्वालामुखी के फटने की राह देख रहा था। वह अपने भीतर बैठे किसी आदमी के नाखून पैने कर रहा था। उसे लगा, निशा के जागते ही यह सब एक तिलिस्म की तरह टूट जाएगा इसलिए उसने निशा को जगाकर उससे कुछ भी कहने का खयाल छोड़ दिया।

...उसने कुछ अन्यमनस्क होकर कील पर टँगा कोट उतारा जिसके नीचे नीले बल्ब की रोशनी में उसने अपनी, निशा और निमिष की तीन साल पुरानी तसवीर देखी। वह एक पल उसको देखने के लिए वहीं खड़ा रहा, फिर जैसे सहसा खुद पर झुँझलाया—वह हमेशा से जानता था कि यहाँ ठीक इस कील के नीचे यह तसवीर है जिसे देखकर वह तमाम पुरानी बातों को, अच्छे दिनों को याद करने लगता है फिर आज वह क्यूँ इस तसवीर के नीचे आ खड़ा हुआ। बाहर इतनी

सर्दी तो है नहीं कि उसे कोट की जरूरत पड़ती।

उसने फिर खुद को आईना दिखाया—वह दरअसल कोट लेने यहाँ, इस तरफ आया ही नहीं था, वह इस सुनसान रात में बस ऐसा कोई बहाना ढूँढ़ रहा है जो उसे किसी तरह इस घर में रोक ले, हमेशा की तरह कमजोर कर दे और सुबह वह यह कहकर अपने आप को बहला सके कि कल रात वह तो गुस्से में चला ही गया होता अगर उसके साथ फलाँ बात नहीं हो गई होती, या फलाँ के खयाल ने उसे ऐन मौके पर रोक न लिया होता।

उसे अब अपने आप पर खीज हो रही थी। उसने गुस्से से कोट अँधेरे में उछाल दिया। कोट पलंग के उस कोने में गिरा जहाँ अपने पैर सिकोड़े निमिष सो रहा था। उसे लगा कोट के गिरने की आवाज से निमिष जाग गया होगा। वह अभी पूछेगा—इतनी रात को आप कहाँ जा रहे हैं, या फिर कहेगा—इन कपड़ों में मॉर्निंग वॉक पर क्यूँ जा रहे हैं? वह बहुत ध्यान से निमिष को देख रहा था। निमिष ने कुनमुनाकर करवट बदली, उसे लगा वह जाग रहा है पर उसके बाद वह बहुत देर तक बिलकुल भी नहीं हिला बल्कि उसके धीमे-धीमे लिए जा रहे खर्राटों से कमरे के उस कोने में पसरा अँधेरा गाढ़ा होने लगा। उसने सिर को झटका और बिना किसी से कुछ कहे घर से निकल जाने का फैसला किया तभी उसे लगा, उसे निकलने से पहले एक सिगरेट पीने की जरूरत है। वह सिगरेट पीकर बेहतर निर्णय ले पाता है।

...और वह अपनी पढ़ने की टेबल पर सिगरेट टटोलने लगा। बिना किसी आहट के डिब्बी उसके हाथ आ गई। माचिस भी ठीक वहीं उसी के पास ही होनी चाहिए...पर वह वहाँ नहीं है। आज फिर निशा ने गैस जलाने के लिए उसकी टेबल से माचिस उठा ली होगी। कितनी बार मना किया इन लोगों को कि उसकी चीजें न उठाया करें पर वे अपनी आदतों से मजबूर हैं। दरअसल यहाँ किसी को उसकी परवाह ही नहीं। उसने गुस्से में टेबल पर रखे सामान को फिर से टटोलना शुरू किया। टेबल के किनारे खड़ी करके रखी गई टॉर्च उसका हाथ लगने से गिरकर लुढ़कने लगी जिसे उसने अंदाजे से पकड़ लिया। उसे अपने पर और गुस्सा आया। उसे पहले ही टॉर्च जला लेनी चाहिए थी, तब सिगरेट और माचिस आसानी से उसके हाथ आ गए होते। अभी वह टॉर्च जलाने की सोच ही रहा था कि घड़ी का अलार्म बज उठा।

पहले कभी इतनी जल्दी सुबह नहीं हुई।

आज उसकी गलती नहीं थी। आज उसकी ऊब, उसका गुस्सा, उसका निर्णय—सब पक्का था पर आज समय ने धोखा दे दिया और वह हमेशा-हमेशा के लिए यहाँ से भाग खड़े होने में विफल रहा। उसे लगा आज की विफलता सालों से चली आ रही विफलता से अलग थी।

यह अलार्म जैसे उसके गुस्से पर, उसकी किसी को बिना बताए घर से हमेशा के लिए चले जाने की योजना पर अप्रत्याशित हमला था। वह जानता था यह अलार्म फिर सब कुछ वैसा ही कर देगा जिसमें वह कुछ देर छटपटाने के बाद अवश्य ही फँस जाएगा। वह फिर मुस्कराते हुए एक और दिन जीएगा। उसने आखिरी कोशिश की और झपटकर बेड की बगल में रखी घड़ी का अलार्म बंद कर दिया। इस कोशिश में सिगरेट की डिब्बी हाथों से छूटकर कहीं गिर गई।

उसे लगा घड़ी की आवाज से निशा जाग गई होगी। उसने बिना निशा की ओर देखे उसकी आहट ली। लगा वह अभी भी सो रही है। चैन की साँस ली। लगा अभी सब कुछ खत्म नहीं हुआ। सब सो रहे हैं, सुबह हुई है पर उजाला नहीं, उसमें देर है। अभी वह उजाला नहीं हुआ जिसमें उसका गुस्सा धुल जाता है, जिसमें तमाम नकली मुस्कराहटें उग आती हैं। उसने दम साधा, दिल कड़ा किया और दरवाजे की ओर कदम बढ़ाया।

आज वह चला ही जाएगा। ...तभी पीछे से निशा की आवाज आई, ''आज जब समय से उठ ही गए हो तो चाय ही बना दो।'' बस यही, यही तो वह नहीं चाहता था। वह चुपचाप किचन में चला गया और लाइट खोली...

खिड़की में बैठे कबूतर पहले से ही जाग रहे थे, बतिया रहे थे, उसे चिढ़ा रहे थे। खिड़की को बार-बार ठोकने पर भी वे वहाँ से टस से मस नहीं हुए। ...बाहर वही उजाला धीरे-धीरे फैल रहा था। उसका चेहरा काला पड़ने लगा।

जूले

कोई-कोई सुबह जीवन में पीछे बीत चुके रात-दिन की पुनरावृत्ति मात्र नहीं होती और न ही उसकी निरंतरता की कोई कड़ी ही होती है। यह बिलकुल नई अनोखी, एक नए जीवन जैसी होती है, जो एक रात की गहन निद्रा में आई मृत्यु के बाद प्राप्त होती है। ऐसी सुबह में, एक पुराने शरीर में एक नया उत्साह लबालब भरा होता है। ऐसे समय में पेड़, पौधे, नदी, पहाड़, घाटियाँ, झरने और सूरज की किरणें, सब एकदम नए लगते हैं, जैसे किसी ने उन्हें बहुत चटक रंगों से, बड़े रुच-रुच के बनाया हो और उन्हें किसी मनुष्य की आँखें पहली बार देख रही हों।

नूब्रा वैली में हुई थी ऐसी ही एक सुबह।

लद्दाख में विश्व की सबसे ऊँची सड़क, जो खरडुंग्ला पास से होकर नूब्रा वैली पहुँचती है, से होते हुए जब हम वैली में पहुँचे तो शाम हो चुकी थी। डूबते सूरज ने विशाल पहाड़ों की परछाइयों को घाटियों और खाइयों में उतार दिया था। मीलों दूर खड़े इन पहाड़ों को देखकर लगता मानो कोई ध्यान में निमग्न बैठा तप कर रहा हो, किसी देवता के प्रकट होने के इंतजार में और फिर सदियों तक किसी के प्रकट न होने पर एक दिन लंबे इंतजार के बाद, वह पाषाण का हो गया हो।

नूब्रा वैली का वह गेस्ट हाउस, जिसमें हम ठहरे थे, हजारों फीट ऊँचे पहाड़ों के बीच मानवीय सभ्यता के एक मात्र द्वीप की भाँति नितांत सन्नाटे में अकेला खड़ा था। इस गेस्ट हाउस तक आती मीलोमील वीरान पड़ी एक पतली सड़क थी, जो सर्दियों के मौसम में बर्फ की चादर ओढ़कर सो जाती थी। गेस्ट हाउस की छोटी सी कच्ची छत से दूर पहाड़ी पर बना एक बहुत पुराना बौद्ध गोंम्पा दिखता था, जिसके पास ही एक विराट् बौद्ध की प्रतिमा बनी थी। गोंम्पा के एक मंडप की सुरई पर झंडा लहरा रहा था, जो अपना रंग खो देने के बाद, बर्फ की तरह सफेद हो गया था।

उस रात ठंड और थकान के कारण हम सभी जल्दी ही सो गए थे। जून के महीने में भी हाड़ गला देने वाली ठंड थी। तापमान शून्य से भी पाँच डिग्री कम था। उस रात मैं सोया नहीं था, उस रात जैसे मुझे नींद नहीं, मृत्यु आई थी और उसने मुझे सुबह फिर जीवन को लौटा दिया था।

नूब्रा वैली में हुई उस सुबह, मैं दिल्ली से अपने साथ आए सभी मित्रों को सोता हुआ छोड़कर, गेस्ट हाउस तक आने वाली सड़क से लगी घाटी में उतरती हुई एक पगडंडी पर चल दिया था। उस पगडंडी पर पैर रखते हुए लगता था जैसे सालों से वहाँ से कोई नहीं गुजरा। घाटी की ढलान ने मेरे पैरों की रफ्तार बढ़ा दी थी। तभी मुझे पगडंडी के दाईं ओर बड़े-बड़े पत्थरों और मिट्टी से बना एक छोटा सा घर दिखाई दिया था। मैं उसके पास पहुँचकर अभी उसके आसपास का जायजा ले ही रहा था कि धड़ाक से घर का दरवाजा खुल गया था। नाटे कद का एक चौड़ी नाक वाला अधेड़ आदमी मेरे सामने खड़ा था। मैं असहज हो रहा था पर तभी उसने पर्वत-सी विराट् मुस्कान के साथ कहा—'जूले'। ऊँचे-ऊँचे पहाड़ जिनके सामने आदमी चींटी की तरह छोटा प्रतीत होता हो, उनके बीच एक घाटी की ढलान पर बने उस मकान से निकले आदमी के चेहरे पर पर्वत-सी विराट् मुस्कान थी, उसके चेहरे के भाव, माथे और गालों पर बनी गहरी लकीरें, सब कुछ पर्वत की तरह शांत और स्थिर थीं। उसकी आँखों में जीवन का गाढ़ा चटक रंग चमक रहा था। उस घर के दरवाजे खुलते ही जैसे एक पूरी संस्कृति के दरवाजे मेरे सामने खुल गए थे। भीतर जमीन से आधा फीट ऊपर लगे बिस्तर पर एक स्त्री सो रही थी। उस आदमी ने दरवाजे से टिका लकड़ी का हल उठाकर जमीन पर लिटा दिया। उसने एक साथ दो बीड़ियाँ सुलगा लीं और मेरी तरफ देखा, मैं मुस्करा दिया। उसने भीतर जाकर बिस्तर पर सोई स्त्री को हिलाकर उठाया और उसे एक बीड़ी थमा दी। बिना कुछ कहे आदमी ने बाहर आकर हल उठाकर अपने कंधे पर रख लिया और धीरे-धीरे घाटी में उतरने लगा। बीड़ी का धुआँ उसके पीछे छूटता जा रहा था। स्त्री बिस्तर से उठकर बाहर आ गई। उसके होंठों पर भी वही शब्द था—'जूले'। उसकी आँखों में पहाड़ों की चोटियों पर पड़ी बर्फ चमक रही थी। उसने अपनी झुकी हुई कमर को सीधा करते हुए घर के बाहर दाईं ओर बँधे याक, पहाड़ी बैल को खोल दिया। याक अपने भारी शरीर और छोटी टाँगों के साथ उस अधेड़ आदमी के पीछे-पीछे घाटी में उतरने लगा। बर्फ की चोटियों पर सूरज की किरणें चमकने लगी थीं। हवाएँ चोटियों से घाटियों में उतर रही थीं।

पूरी घाटी में सिवाय उस याक के, जो आँखों से ओझल हो चुके आदमी के पीछे जा रहा था, कुछ भी नहीं दिख रहा था। मीलों दूर एक पतली सी नीले पानी की नदी बह रही थी। शायद वहीं कहीं एक छोटे से जमीन के टुकड़े पर होगा एक खेत, जहाँ पहुँचने के लिए हल कंधे पर रखे हुए वह अधेड़ आदमी आँखों से ओझल हो गया था।

मैं अपने हजारों शब्दों और उनकी निरर्थकता के साथ, अपनी नगण्य-सी मानवीय सभ्यता और प्रकृति के संबंध की समझ के साथ, आँखों से ओझल होते उस याक को देख रहा था, जो अब एक छोटे, धीरे-धीरे खिसकते काले धब्बे की तरह, बड़े-बड़े पत्थरों के बीच खोता जा रहा था।

दूर-दूर तक कोई पेड़, कोई पक्षी, कोई मनुष्य नहीं दिख रहा था, पर पहाड़ों की बर्फ से ढकी चोटियों से लेकर, घाटी की गहराइयों तक एक शब्द गूँज रहा था—'जूले'...'जूले'।

स्वरलहरी

रिद्धि ने ऑटो में बैठते ही सिगरेट जला ली फिर कुछ झुँझलाते हुए बोली, ''यार, तू जहाँ ले जा रहा है मुझे नहीं लगता वहाँ हमें कोई स्टोरी मिलने वाली है। तीन दिन का काम था और पूरा हफ्ता निकल गया।''

रितेश हमेशा की तरह बड़े निश्‍चिंत भाव से मुस्करा रहा था फिर शायद रिद्धि की बेचैनी कम करने के लिए बोला, ''स्टोरी तो बिना कहीं जाए ही कंपलीट करके भेज दूँगा क्योंकि इस सब्जेक्ट में मुझे इन्ट्रेस्ट है। म्यूजिक में जैसे अब उस तरह के गाने वाले रहे ही नहीं, वो डेडीकेशन अब जैसे खत्म ही हो गया है। मैं उन लोगों के जीने, सोचने-समझने के तरीके भी जानना चाहता हूँ। इसीलिए मैंने अपने इस कार्यक्रम 'स्वरलहरी' को अबकी बार डॉक्यूमेंटरी नहीं, फीचर की तरह बनाने का फैसला किया है।''

''और उस फीचर की स्टोरी, तुम यहाँ दिल्ली की इन गलियों में ढूँढ़ रहे हो! कुछ नहीं मिलेगा,'' रिद्धि ने सिगरेट बुझाते हुए कहा।

''यार, तुम्हारा संगीत से रिश्ता रहा है, तुम्हें भी इसमें इतना इन्ट्रेस्ट है। इसलिए स्पेशियली इस सब्जेक्ट के लिए तुम्हें साथ लिया था और अब तुम इसका नाम सुनके ही इतना रेस्टलेस हो रही हो।''

''मैं संगीत का नाम सुनके रेस्टलेस नहीं हो रही हूँ, मैं रेस्टलेस हो रही हूँ खुद को उस बैकग्राउंड से जोड़के देखे जाने से। इन म्यूजीशियंस और सिंगर्स की लेडबैक अप्रोच से। इनके सेंटीमेंट्स से। दे आर नॉट प्रैक्टिकल एट ऑल।''

तभी रितेश ने इशारा किया, ''आ गया, आ गया। बस, यहीं रोक दीजिए।''

ऑटो से उतरकर दोनों लेन के आखिरी मकान के सामने खड़े थे। एक तेरह-चौदह साल के लड़के ने दरवाजा खोला और उन्हें एक दस बाई बारह

के छोटे से कमरे में केन की कुर्सियों पर बैठाकर उसी कमरे में से निकलती सँकरी सीढ़ियों से ऊपर चढ़ गया। ऊपर से तानपूरे की हलकी-हलकी आवाज पहले से ही आ रही थी, धीरे-धीरे उसमें एक महीन सा स्वर मिलकर सीढ़ियों से नीचे आने लगा। रितेश ने देखा रिद्धि उस बंदिश को सुनकर कुछ बेचैन हो गई थी। तभी वह लड़का सीढ़ियों से फिर नीचे आया और उन्हें इशारे से ऊपर आने के लिए कहा। रिद्धि को रितेश ने लगभग धकेलते हुए ऊपर चढ़ाया।

ऊपर के कमरे में फर्श पर बिछी दरी पर बैठी लगभग पचास के आसपास की उम्र की, खिचड़ी बालों वाली एक महिला जिसने अपनी उम्र छुपाने के लिए कोई उपक्रम नहीं कर रखा था और फिर भी वह बहुत सुंदर लग रही थी, बड़ी महीन, पर बेहद सुरीली आवाज में गा रही थी। उन्हें देखकर उन्होंने तानपूरा एक तरफ रख दिया और मुस्कराकर उनका स्वागत किया। पर उस आवाज ने जैसे रिद्धि को किसी और समय में धकेल दिया था, उसने उनकी मुस्कराहट को लक्ष्य नहीं किया। रितेश को रिद्धि का व्यवहार कुछ समझ नहीं आ रहा था, वह कमरे के सामने की दीवार पर लगे अलग-अलग साइज के ब्लैक एंड व्हाइट फोटोज़ जो पुराने ढंग के लकड़ी के फ्रेम में जड़े हुए थे, बड़े ध्यान से घूरे जा रही थी। उसकी आँखें कमरे में कुछ ऐसे घूम रही थीं मानो वे उस समय में बैठे हुए किसी और समय को देखना चाहती हों।

रितेश बहुत जल्दी अपनी बातचीत से लोगों को सहज कर देता था। इसलिए उसी ने बात शुरू की। महिला ने बहुत सधी हुई आवाज में उसके प्रश्नों का उत्तर देना शुरू किया। फिर थोड़ा और खुलते हुए दो-एक चीजें गाके भी सुनाईं। पर रिद्धि अभी भी अन्यमनस्क ही लग रही थी। रितेश ने उसकी ओर देखते हुए कहा, ''ये भी मध्य प्रदेश से ताल्लुक रखती हैं। इन्होंने भी गायन बचपन से ही सीखा है। यह सुनते ही उन्होंने कहा, ''अच्छा, मध्य प्रदेश में कहाँ से।'' रिद्धि ने दीवार पर लगी एक पुरानी तसवीर को बहुत ध्यान से देखते हुए कहा, ''शिवपुरी के पास नरवर में संगीत का एक गुरुकुल था। वहीं सीखा था पर बहुत समय हुआ, अब तो सब छूट गया।'' उसके बाद बात जैसे दोनों के बीच हवा में स्थिर हो गई। नरवर का नाम सुनकर उनकी आँखें जैसे अपने में ही डूबने लगीं, जिनमें पत्ते पर टिकी ओस-सा कुछ

झिलमिलाने लगा।

रितेश ने कहा, "हम संगीत के ऐसे पुराने घरानों पर एक स्टोरी कर रहे हैं जहाँ से निकले हुए लोग अब बहुत कम बचे हैं। शायद उन घरानों की गायकी आने वाले समय में पूरी तरह खत्म हो जाएगी। हम उन घरानों के प्रमुख लोगों पर अलग-अलग एपिसोड में फीचर करेंगे।"

उन्होंने बहुत धीमी आवाज में कहा, "जी, मैं जानती हूँ। मैं जिनकी बात आपको बताने जा रही हूँ। वह मेरी बहुत करीबी दोस्त थी, आधिक्या। अब न वो है और न ही उनके गुरु। पर कहानी है जो मुझे अपने जीते जी कह ही देनी चाहिए। शायद यही उन दोनों के लिए मेरी श्रद्धांजलि हो।" उन्होंने जैसे अतीत की ओर हाथ बढ़ाते हुए धीरे से बगल में रखे तानपूरे को छू लिया। फिर धीरे-धीरे उसके तारों को छेड़ते हुए अपनी महीन और सुरीली आवाज में बोलने लगीं। कमरा, उसमें लगीं तसवीरें उनकी आवाज में घुलने लगीं–

–किसी ऊबड़-खाबड़ रास्ते पर घोड़ा दौड़ रहा था। अकेला घोड़ा नहीं, ताँगे को खींचता हुआ घोड़ा।

वह जिस रफ्तार से ताँगे को खींच रहा था उससे भी ज्यादा तेजी से आने वाली रात का अँधियारा शाम की लालिमा के पीछे भागा चला आ रहा था। लगता था घोड़ा जानता है कि रास्ते के अंधकार की गिरफ्त में आने से पहले उसे कढ़ेसा पहुँच जाना है। इससे पहले कि कोचवान बुद्धिबन उस पर चाबुक सूतते, उसने अपनी पूरी झोंक लगाकर ताँगे को और तेज कर दिया। बुद्धिबन फिर भी संतुष्ट नहीं थे सो उन्होंने जोर की हुंकार लगाई पर घोड़ा ताँगे को उससे ज्यादा तेजी से नहीं खींच सका।

तभी ताँगे में अपनी लंबी टाँगें सिकोड़कर बैठे ज्ञानेश्वर पांडेय ने बुद्धिबन को हलके से डाँटते हुए कहा, "इस औंधक-नीचे रास्ते पर थोड़ा धीरे चलाओ, अँधेरा होने से पहले अगर गाँव एक-आधा कोस दूर भी रह जाएगा तो हम पैदल चल लेंगे, तुम पीछे से ताँगा लेकर आते रहना।"

बुद्धिबन ने अपनी होशियारी दिखाते हुए कहा, "आप तनिक भी चिंता न करो पंडित जी, यह घोड़ा समय के मिन्ट का फॉरिन्ट कर देता है।"

पंडित जी अबकी बार असली गुस्से से बोले, "तुम्हारी मति के साथ

भाषा भी भ्रष्ट हो गई है, ऐसे अनर्गल शब्द बोलते हो जिनका कोई अर्थ नहीं होता, अभी ताँगा पलट गया तो हाथ-पाँव तुड़वा बैठेंगे।''

पंडित जी के आग्रह पर बुद्धिबन ने घोड़े को पुचकारा और लगाम ढीली कर दी पर घोड़ा तो जैसे डूबते सूरज से होड़ कर रहा था। लगता था मानो कह रहा हो कि तेरे पश्चिम के तालाब में उतरने से पहले मैं ताँगे को कढ़ेसा के ठाकुर यशपाल सिंह की कोठी पर लगाके ही दम लूँगा।

ठाकुर यशपाल की हवेली पर उनके बड़े बेटे की सगाई का मौका था। पंडित ज्ञानेश्वर का गायन सुनने के लिए आसपास के कई गाँवों से आए लोगों का जमावड़ा था। पूरे प्रदेश से तमाम नामी-गिरामी गायक, वादक और संगीत के विद्वान् बुलाए गए थे पर ठाकुर यशपाल को पं. ज्ञानेश्वर की प्रतिभा पर जितना भरोसा था उतना और किसी पर न था। पंडित जी और ठाकुर का हीरे और जौहरी का रिश्ता था और यह कई पीढ़ियों से चला आ रहा था। यशपाल कहते थे, ''पंडित जी साक्षात् सरस्वती-पुत्र हैं। उनका चरित्र सूरज की तरह निष्कलंक है, उन्होंने कई जन्मों के पुण्य संचित कर रखे हैं और आज भी अपने यम-नियम की पालना से नित्य नए पुण्य अर्जित करने से उनका प्रताप बढ़ता ही जा रहा है। उनके जैसा संगीत का साधक पूरे क्षेत्र में दूसरा नहीं है।'' वैसे यह मात्र ठाकुर यशपाल का ही विश्वास नहीं था बल्कि कमोबेश क्षेत्र के सभी लोग ज्ञानेश्वर पांडेय के बारे में ऐसा ही सोचते थे।

जैसे ही ज्ञानेश्वर का ताँगा यशपाल सिंह की कोठी पर पहुँचा, लोगों ने आगे बढ़कर उनका स्वागत किया। हवेली के अहाते में लगी गाने की महफिल जैसे कुछ समय के लिए स्थगित हो गई। ठाकुर यशपाल ने पंडित जी को अपने बगल में, बराबर के आसन पर बैठाया। बंदिश फिर शुरू हुई। सामने थीं इलाके की सबसे उम्दा गाने वाली आधिक्या देवी जिनके बारे में लोग कहते थे कि तेरह साल की उम्र में ही गाने में उन्होंने वो ख्याति प्राप्त कर ली थी जो लोग पूरे जीवन भर संगीत साधना करने पर भी प्राप्त नहीं कर पाते। वह अभी तीस की पूरी भी नहीं हुई थीं और माना जाने लगा था कि पूरे प्रदेश में उन-सा गला, रूप और अदायगी किसी के पास नहीं। लोग देखते तो निर्निमेष देखते ही रह जाते, सुनते तो रास्ता भूल जाते। लेकिन पं. ज्ञानेश्वर के महफिल में पहुँचने से जैसे उनका तेज कुछ फीका पड़ गया था। उसके बाद जो भी वहाँ आता, वो सबसे पहले पंडित जी के चरण छूता, ठाकुर यशपाल

को बधाई देता और फिर आधिक्या देवी की ओर मुखातिब होता। आधिक्या देवी भी जैसे पंडित जी की उपस्थिति से असहज हो उठी थीं, पर उन्होंने खुद को सँभालते हुए फिर से गाना शुरू किया। सब मंत्रमुग्ध सुन रहे थे। तभी पंडित जी के संध्या-वंदन का समय हो गया, सो उन्होंने वहीं बैठे-बैठे आँखें मूँद लीं। तभी आधिक्या देवी के स्वर से ऐसा लगा मानो उन्होंने मन ही मन ठान लिया हो कि तोड़ी खत्म होते-होते पंडित जी को अपनी आँखें तो खोलनी ही पड़ेंगी। वह अतिरिक्त उत्साह से, अपने पूरे कौशल के साथ ऐसी तन्मयता के साथ गाने लगीं जैसे किसी भँवरे को पकड़कर अपनी आवाज में कैद कर लेना चाहती हों। श्रोताओं ने उनके स्वर की लय पकड़ी तो झूम उठे, वहीं साथ देते साजिंदों के पसीने छूट गए, पर पंडित जी ने आँखें नहीं खोलीं।

तोड़ी खत्म हो गई।

लोगों ने आधिक्या देवी को बढ़-चढ़कर बधाइयाँ दीं पर उनकी नजर पंडित जी पर थी, जैसे ही पंडित जी ने आँखें खोलीं, उन्होंने खुद अपने आसन से उठकर पंडित जी के पैर छुए। पंडित जी ने आशीर्वाद दिया पर आधिक्या देवी ने आशीर्वाद लेने से पहले जो कहा वह सुनकर सब थोड़े हैरान हो गए।

वह बोलीं, "आप ज्ञानी हैं, जानते हैं कि एक कलाकार के लिए सुधी जनों की प्रशंसा ही उसका असली पारितोषक है और जब सामने आप जैसा संगीत का प्रकांड विद्वान् बैठा हो तो अपनी प्रस्तुति के बारे में उसकी राय जानना तो कलाकार के लिए और भी महत्त्वपूर्ण हो जाता है। अत: आप बताएँ कि मेरी प्रस्तुति आपको कैसी लगी, वही मेरे लिए सबसे बड़ा आशीर्वाद होगा।"

पंडित जी ने एक पल सोचा, फिर बोले, "मेरे आँखें बंद करने से आपको यह लगा होगा कि मैं आपका गायन नहीं सुन रहा हूँ परंतु यह सही नहीं, मैं आपके संगीत के साथ ही अपनी संध्या भी कर रहा था, आपकी प्रस्तुति बहुत सुंदर थी और उसने ध्यान लगाने में मेरी सहायता की, पर अंतिम पंक्ति को दोहराते समय उसके आरंभ में आपका सुर दोषपूर्ण था। आपका ध्यान कहीं भटक गया था।"

पंडित जी की बात सुनकर आधिक्या देवी ने हाथ जोड़ लिए। वह जानती थीं कि ज्ञानेश्वर सही कह रहे हैं। उसके बाद वह उनका आशीर्वाद

लेकर श्रोताओं में बैठ गईं और ज्ञानेश्वर की प्रस्तुति आरंभ हुई। जब प्रस्तुति अपने चरम पर पहुँची तो लगा समय रुक गया है। यदि वातावरण में कुछ है तो आँखें मूँदे गाते हुए ज्ञानेश्वर के स्वर का नाद है, उसकी लय है, उसका जादू है। प्रस्तुति समाप्त होने पर आधिक्या उठीं और अपना माथा उनके पैरों पर रख दिया। ज्ञानेश्वर ने आँखें खोलीं तो उन्हें उठाते हुए आशीर्वाद दिया। लोग दो कलाकारों के इस व्यवहार को देखते रह गए।

जब कार्यक्रम समाप्त होने पर पं. ज्ञानेश्वर अपने घर वापस लौटे तो इस घटना की चर्चा उनसे आगे-आगे उनके गाँव और घर तक भी पहुँची। कुछ ने कहा कि जहाँ महफिल में ज्ञानेश्वर की गायकी सबके सिर चढ़के बोली, वहीं आधिक्या की खूबसूरती के भी कई लोग कायल हो गए और उनके रूप का जादू ज्ञानेश्वर पर भी चल गया। कुछ ने इसकी काट करते हुए कहा कि ज्ञानेश्वर एक सच्चे गृहस्थ और संगीत के गुरुकुल के संचालक हैं और ऊपर से बहुत पुरातन विचारों के कर्मकांडी ब्राह्मण हैं। उन्हें किसी का रूप सौंदर्य डिगा नहीं सकता और फिर आधिक्या जैसी मनचली गाने वाली की उनसे क्या बराबरी। इस तरह दोनों के नामों के बीच चर्चा के तमाम तार खिंच गए जिन्हें लोग अपने-अपने ढंग से कभी सुलझाने तो कभी उलझाने लगे।

उस घटना के बाद होने यह लगा कि जहाँ कहीं भी पंडित जी के संगीत का कार्यक्रम होता आधिक्या देवी भी उन्हें सुनने वहाँ पहुँच जातीं। उनकी उपस्थिति में कई बार लोग उनसे भी कुछ गाने का आग्रह करते। कई बार वह मना कर देतीं। पर कई बार ज्ञानेश्वर के कहने पर गा भी देतीं। कुछ दिनों तक यह सिलसिला यूँ ही चलता रहा फिर एक दिन आधिक्या ने अपने घर सरस्वती पूजा का आयोजन कर पंडित जी को बुलाया। घर-परिवार और सहयोगियों ने पंडित जी पर पूरा दबाव बनाया कि वह आधिक्या के घर न जाएं पर पंडित जी सरस्वती पूजा के लिए कभी न नहीं करते थे। ऊपर से उन्हें यह भी लगा कि यह उनके संयम की परीक्षा है और उन्हें इसे देना ही होगा। इसलिए उन्होंने आधिक्या का निमंत्रण स्वीकार कर लिया।

वह पहला दिन था जब पंडित ज्ञानेश्वर आधिक्या देवी के घर जा पहुँचे। उन्होंने सरस्वती पूजा के बाद पंडित जी से दीक्षा लेने की पूरी तैयारी कर रखी थी। हमेशा नौकर-चाकरों और साजिंदों से घिरी रहने वाली आधिक्या देवी के घर उस दिन उनके अलावा और कोई नहीं था। उन्होंने पंडित जी के स्वागत

में विशेष शृंगार किया था। उनका रूप आँच तपे सोने-सा दमक रहा था। उनकी आवाज में सितार के तारों को विलंबित में छेड़ने जैसा नाद था जो वातावरण में एक सिहरन पैदा कर रहा था पर पंडित जी ने इस सबसे अपने को विलग रखते हुए सरस्वती की पूजा संपन्न कराई, दीक्षा का गंडा उनकी कलाई पर बाँधा और आशीर्वाद देकर वापस जाने के लिए उठ खड़े हुए।

आधिक्या ने उन्हें रोकते हुए कहा, "आप में जो धैर्य और संयम है, उसका एक अंश भी यदि मुझमें होता तो मैं अपने को रोक लेती पर वह मुझमें नहीं है। इसलिए यह कहने की धृष्टता कर रही हूँ कि लोग भले ही मेरे गायन की कितनी ही प्रशंसा करें पर मैं जानती हूँ कि अभी उसमें त्रुटियाँ हैं। उन त्रुटियों को दूर करने के लिए आप जैसा पारखी सुनने वाला चाहिए। मेरी कला आपके मार्गदर्शन के बिना अधूरी है। ये आपकी कला का मोह है या व्यक्तित्व का, मैं नहीं जानती पर अब मुझे आपके सिवा कोई रास्ता नहीं दिखाई देता। मैं आपसे सीखना चाहती हूँ। मैं जानती हूँ, मैंने अभी तक संगीत को जिस तरह लिया है उसमें प्रदर्शन अधिक और साधना कम रही है। आपसे जुड़ना मेरे लिए केवल एक औपचारिकता ही नहीं है। मैं सचमुच संगीत को उस गहराई तक समझना चाहती हूँ। जहाँ से आप उसे देखते हैं।"

उस समय ज्ञानेश्वर ने यही कहा, "आप बहुत अच्छा गाती हैं। हम सभी अपने-अपने ढंग से संगीत की साधना करते हैं। परंतु मैंने जो रास्ता चुना है उसके नियम बहुत कड़े हैं। वहाँ संगीत की शिक्षा एक कठिन अनुशासन में बँधी है।"

आधिक्या ने अधीर होते हुए कहा, "मैं हर नियम मानने को तैयार हूँ। हर तरह के अनुशासन में बँधने को तैयार हूँ। बस, आप कहिए कि मुझे सिखाएँगे।"

आधिक्या के इतना कहने पर भी, उस समय पं. ज्ञानेश्वर ने कोई उत्तर नहीं दिया पर बाद में धीरे-धीरे लोगों को पता चला कि वह गाहे-बगाहे आधिक्या के घर जाने लगे हैं। वह वहाँ बड़े ध्यान से उनका गाना सुनते, उसकी कमियाँ बताते, सही सुर लगाकर दिखाते। ऐसा करते हुए उनको भी लगने लगा कि उनका ज्ञान किसी ऐसे कलाकार के ही काम आ रहा है जो सच में कला के मर्म को समझता है और उसे आत्मसात् करना चाहता है। यहाँ जैसे-जैसे आधिक्या के साथ अभ्यास का समय बढ़ता गया, वहाँ यह

खबर फैलती गई कि अब पंडित ज्ञानेश्वर की संगीत साधना पहले जैसी नहीं रही, लोगों ने कहना शुरू कर दिया कि उनके पास अब वह चरित्र बल और वैसी चित्त की निर्मलता नहीं रही जिसके कारण उनके गले में सरस्वती वास करती थी।

कुछ समय बाद हालात बदलने लगे। लोगों का प्रेम ज्ञानेश्वर की कला के प्रति घटने लगा। जिससे धीरे-धीरे पंडित जी की दुनिया भी बदलने लगी और एक दिन किसी मनचले ने पंडित जी को भरी सभा में उनकी प्रस्तुति के बीच में रोककर ताने देने शुरू कर दिए। एक बार को लगा जैसे धरती काँप गई हो और उसकी ध्वनि से पंडित जी के घर की दीवारें भी हिल गई हों और सच में ऐसा हुआ भी।

उस घटना के बाद परिवार में भारी कलह हुई। घर की शांति कुछ इस तरह भंग हुई कि पंडित जी अपनी पत्नी से नाराज होकर, अपना सामान उठाकर, अपनी तेरह साल की बेटी और ग्यारह साल के बेटे को छोड़कर नहर के किनारे बने अपने उस कमरे में आकर रहने लगे, जिसमें बैठकर वह सुबह-सुबह रियाज किया करते थे, पर इतने भर से उनका चित्त शांत न हुआ, मन बार-बार उचट जाता। शायद उन्हें भी घर से अलग रहकर ही आभास हुआ कि वह सचमुच आधिक्या से प्रेम करने लगे हैं। इस बीच आधिक्या ने उनके पास आकर उनसे कुछ दिन उनके घर आकर रहने का आग्रह किया। उन्होंने इसके लिए आधिक्या को साफ मना कर दिया। पर आधिक्या यही कहती रहीं कि यह सब उनके जीवन में उन्हीं की वजह से हुआ है और वह उसका प्रायश्चित्त करेंगी। उनका अतीत कुछ भी रहा हो पर अब वह ज्ञानेश्वर की ही तरह पूरे नियम-संयम से संगीत की साधना करेंगी। ज्ञानेश्वर ने उस समय उनकी बात मान ली।

इस बीच ज्ञानेश्वर की पत्नी अपने बच्चों को साथ लेकर उनके गुरु के पास जा पहुँचीं और उन्हें सारी बात बता डाली। गुरु ने पत्नी को आश्वस्त किया कि वह ज्ञानेश्वर को समझाकर घर वापस ले आएँगे। उसके बाद सब ठीक हो जाएगा।

उधर ज्ञानेश्वर के घर से अलग रहने पर आधिक्या का वहाँ आना-जाना और बढ़ गया। धीरे-धीरे दोनों के बीच बिना कुछ कहे-सुने ही प्रेम परवान चढ़ने लगा। ज्ञानेश्वर सब भूलकर रात-दिन संगीत में डूबे रहने लगे। अब

आधिक्या जैसे उनके जीवन का, उनके संगीत का हिस्सा बन गई। वह अपने और आधिक्या के रिश्ते को लेकर किसी निर्णय पर पहुँच पाते कि एक दिन उनके गुरु उनके पास पहुँच गए।

गुरु को देख जैसे मन की तमाम गाँठें खुल गईं। दुःख छलछलाके आँखों से बह निकला। बोले–"न जाने साधना में कहाँ चूक हो गई। लगने लगा था कि अब पहले जैसी बात नहीं रही पर मैंने फिर पूरे मन से साधना शुरू की है।" उन्होंने बताया कि आधिक्या के साथ जिस बात को लेकर घर-परिवार में इतना हो-हल्ला मचा है उसके साथ उनका संबंध कला का है, ज्ञान का है, समर्पण का है, प्रेम का है। उसने सब कुछ त्यागकर नए सिरे से संगीत की साधना शुरू की है। वह हर तरह से इस शिक्षा के योग्य है। उन्होंने कहा कि प्रेम एक पवित्र भावना है और इसे मैंने आधिक्या की आँखों में अपने लिए देखा है। मैं उसके प्रेम का तिरस्कार नहीं कर सका। मैंने उसकी कला, उसकी साधना, उसके प्रेम का सम्मान किया है।

गुरु ने उन्हें आश्वस्त करते हुए कहा, "मैं सब जानता हूँ। तुम चिंता मत करो, सब ठीक हो जाएगा पर इसके लिए एक पूजा करनी होगी। जिसके लिए लगने वाली तमाम सामग्री के अलावा तुम जिसे प्रेम करते हो और वो भी तुम्हारी कला और ज्ञान की दीवानी है, उसके आँगन की थोड़ी सी मिट्टी लानी होगी। वह भी उसे बिना बताए और तुम्हें खुद अपने हाथ से ऐसा करना होगा। पहले ज्ञानेश्वर थोड़े सकुचाए फिर गुरु जी पर अटूट आस्था ने उन्हें इस काम के लिए मन ही मन राजी कर लिया।

कार्तिक का महीना था, रात जड़ाने लगी थी। ज्ञानेश्वर शरीर पर चादर लपेटकर आधिक्या के घर की ओर बढ़ चले। घर अभी कुछ दूरी पर था पर उन्हें लगा कुछ टूटती-जुड़ती स्वरलहरियाँ उनके कानों से टकरा रही हैं। पास आए तो लगा कि घर के भीतर वाले कमरे से प्रकाश छन-छनकर बाहर आ रहा है। इस अबेर के संगीत का कारण समझ नहीं सके ज्ञानेश्वर। अपने मन के लिए आलंब गढ़ा, नींद न आने के कारण इस अबेर में भी अभ्यास कर रही होगी। फिर सोचा, गुरु का मान रखने के लिए वह विरथा इस अंधविश्वास में पड़े। यदि ऐसा करते आधिक्या की दृष्टि में आ गए तो क्या सोचेगी? वह क्या कहेंगे उससे? इस तरह चोर की भाँति क्या करने आए हैं? कौन जाने क्या सोच बैठे? सोचेगी मुझे भरोसा नहीं है उस पर, उसके प्रेम पर, भरोसा नहीं

है उसके चरित्र पर। सोचेगी–उसे, उसकी सुचिता को परखने आए हैं, यदि ऐसा हुआ तो गिर जाएँगे अपनी ही दृष्टि में। एक बार को मन किया लौट जाएँ पर गुरु की अवज्ञा का साहस न हुआ। उनका आदर, उनका मान सामने आ खड़ा हुआ। सभी कुछ उन्हीं का दिया तो है। लगा शायद इससे और पुख्ता होगा प्रेम, उपासना, संबंध। कठिन समय रात-सा बीत जाएगा, जल्दी ही भोर होगी। शरीर को धकेलते, भारी मन को ढाँढस बँधाते, थके पाँव जा लगे आधिक्या के घर के पीछे की दीवार से। पास लगे पेड़ का सहारा लेकर दीवार पर चढ़े। आधिक्या अपनी आवाज की खनक के साथ ऐसे गा रही थी मानो उसकी हँसी ही रोशनी बनकर कमरे में छिटक रही हो। आज विचित्र सी खनक थी उनकी आवाज में। बिलकुल अपरिचित स्वर था। ऐसा पहले कभी नहीं सुना था इस गले से। मादकता में पगा, नशे में डूबा कंठ था। जिस आधिक्या को वह जानते हैं यह उसका स्वर नहीं हो सकता। किसी और के घर तो नहीं आ गए। नीचे उतरकर आँगन में लगी चमेली की बेल की ओट कर ली और साहस करके कमरे के भीतर देखा। आँखें विस्मय से फैल गईं, गला सूख गया। विश्वास नहीं हुआ। सुनहले प्रकाश में आधिक्या की नग्न देह कुंदन-सी चमक रही थी। किसी उन्माद में हँसती, गाती, थिरकती आधिक्या देवी। वस्त्र-आभूषण सब धरती पर पड़े पैरों तले रौंदे जा रहे थे। मन के रुदन ने चीत्कार करनी चाही पर गले की आवाज किसी अंधकूप में डूब गई। आधिक्या की हँसी में किसी पुरुष का स्वर मिलने लगा। जिसकी पहचान उनके कानों ने ठाकुर के बड़े बेटे की आवाज के रूप में की। उसी की शादी में आधिक्या को पहली बार देखा था।

तब से अब तक की तमाम स्वरलहरियाँ–हाहाकार में बदलने लगीं।

हे प्रभु, क्या दिखा दिया! गड़ जाऊँ धरती में। वापस लौटने को हाथ-पैरों ने अधीर मन का साथ नहीं दिया। खड़े-खड़े पत्ते-से काँपने लगे। लगा चमेली की बेल से सैकड़ों चींटियाँ चढ़ आईं देह पर। चूस लिया क्षण भर में प्रेम, ज्ञान, धैर्य, सब कुछ। पल भर में चुक गया जीवन। वापस दीवार पर चढ़े, पीछे अँधेरे में कूदे। कूदते हुए हाथ से वह काँसे का कटोरा जिसमें आधिक्या के घर की मिट्टी लेनी थी आँगन में जा गिरा। अचानक हुई इस आवाज से आधिक्या का हँसना-गाना थम गया। यह भूलकर कि वह किस अवस्था में है, आँगन में निकल आई। वहाँ कोई नहीं था पर कुछ अनिष्ट घटने को है

यह भान उन्हें भी हो गया था। वह सुध-बुध खोकर आँगन का एक-एक कोना ध्यान से देखने लगीं। उनके साथ एक पुरुष काया भी बाहर आकर उन्हें आश्वस्त करने की कोशिश करने लगी कि वहाँ कुछ नहीं है, वह आवाज उनका वहम है पर उन्हें उसकी बात पर विश्वास नहीं हुआ। उन्हें लगा जो गिरा है वह जा कहाँ सकता है उसे यहीं होना चाहिए। तभी चमेली की बेल की जड़ों के पास उन्हें ज्ञानेश्वर के हाथ से छूटा काँसे का कटोरा मिल गया। वे झपट पड़ीं उसपे। पहचानती थीं उस कटोरे को। नग्न छातियों में कटोरा भींचकर बिलख पड़ीं। सुरीले कंठ में काँटे निकल आए। चीखते हुए बोलीं, "पंडित ज्ञानेश्वर यहाँ आए थे।" पुरुष स्वर ने उन्हें बहुत ढाँढस बँधाने की कोशिश की पर वह और अधीर होती गईं। देह का ताप उतरा तो वह बर्फ-सी ठंडी होकर थरथर काँपने लगीं।

उधर अँधेरे में एक लंबी काया को कुछ लोगों ने नहर की ओर बढ़ते देखा। उसके बाद वह अँधेरे में विलीन हो गई।

ज्ञानेश्वर को फिर किसी ने नहीं देखा।

सुबह गुरु जी खाली हाथ घर के बाहर आके बैठ गए। भास हो गया था अँधेरे में घटी घटना का। खुद को दोषी मान अन्न-जल त्याग दिया। नहर, खेत, जंगल सब जगह ज्ञानेश्वर को ढूँढ़ा गया पर तीसरे दिन शाम तक उनकी कोई खबर नहीं मिली। पर आधी रात बीतते-बीतते उस समय घर में हाहाकार मच गया, जब अँधेरे में कुछ परछाइयाँ ज्ञानेश्वर के शव को चारपाई पर रखकर घर पहुँचीं। उसी समय गुरु जी ने अपने प्राण त्याग दिए। अँधेरे में गूँजते रुदन से बच्चे सिर्फ इतना जान सके कि बाबा को उनका प्रेम लील गया। उनका प्रेम, उनकी कला, उनकी इज्जत सब उनके साथ नहर में डूब गया। उसके बाद किसी ने आधिक्या देवी को गाना गाते नहीं सुना। बाद में पता चला कि उस घटना के कुछ दिनों बाद वह पहले बनारस और बाद में फिर अपने किसी दूर के रिश्तेदार के साथ दिल्ली चली आईं–

कहानी खत्म हुई तो उन्होंने तानपूरे को पास खींचकर अपनी गोद में रख लिया। फिर दीवार पर लगी पीली पड़ चुकी तसवीरों को देखते हुए बोलीं, "अब वे दोनों ही नहीं हैं। बस, समय की दी हुई एक सीख है–जीवन का सच वही नहीं होता जो हम सोचते हैं, जिसे हम जीना चाहते हैं, हम जिसके सपने देखते हैं। एक सच वह भी होता है जो हम दूसरों से कहते हैं, जिसका

हम दूसरों को यकीन दिलाते हैं, जिसके कहने से हमारे और दूसरों के बीच एक रिश्ता कायम होता है, कलाओं के साथ जीवन में उस सच की भी हिफाजत की जानी चाहिए क्योंकि कई बार दूसरे आपके कहे पे यकीन करके, उसे ही अपने जीवन का सबसे बड़ा सच बनाकर जीने लगते हैं।''

रितेश आगे उनसे कुछ और पूछता कि रिद्धि अचानक उठकर सीढ़ियाँ उतर गई। उसके यूँ चले जाने से वातावरण कुछ असहज हो उठा। पर रितेश खुद को संयत करते हुए बोला, ''कुछ बातें हैं जो मैं आपसे और विस्तार से जानना चाहूँगा। मुझे कुछ तसवीरें भी चाहिए होंगी। मैं जल्दी ही किसी दिन फोन करके आ जाऊँगा।''

उसके बाद उन्होंने भी उसे नहीं रोका। तानपूरा एक ओर खिसकाते हुए वह खड़ी हो गई। रितेश उनसे विदा लेकर नीचे उतर आया। रिद्धि बाहर निकलकर गली में खड़ी सिगरेट जला रही थी।

रितेश लगभग खिसियाते हुए बोला, ''हद करती हो यार! यूँ अचानक उठकर चली आई। वे क्या सोच रही होंगी?''

रिद्धि ने सिगरेट का कश खींचते हुए कहा, ''उठके चली आई क्योंकि इसके बाद की कहानी मुझे मालूम है। सुनना चाहते हो?''

रितेश स्तब्ध रिद्धि को देख रहा था।

रिद्धि उसके बाद बड़बड़ाते हुए बड़े-बड़े डग भरते ऐसे गली से बाहर की ओर बढ़ने लगी मानो वहाँ एक पल भी रुकना न चाहती हो। रितेश बिना कुछ कहे उसके पीछे-पीछे चल रहा था। वह बोले जा रही थी, ''उसके बाद पं. ज्ञानेश्वर की पत्नी आधी पागल हो गईं। खाली बैठी हमेशा उनके इन्स्ट्रूमेंट्स को छेड़ती रहतीं। कहतीं, अपने पति के जाने के बाद सब कुछ वही सँभालेंगी। गाएँगी, बजाएँगी, गुरुकुल चलाएँगी। पर फिर उनके परिवार ने जितने कदम बढ़ाए, सब जैसे किसी दलदल में ही धँसते चले गए। सुनने-सुनाने वाले, मिलने-चाहने वाले कोई नहीं रहे। खेत, घर, गुरुकुल, ताँगा, घोड़ा कुछ नहीं रहा। बेटे को बुरी संगत ने जुआरी बना दिया और बेटी किसी के साथ अचानक एक दिन घर छोड़कर दिल्ली भाग गई। वो भी कुछ इस तरह कि वापस लौटने का कोई रास्ता नहीं बचा। रह गए तो बूढ़े कोचवान बुद्धिबन और इतने बड़े घर में अकेली बैठी बेसुरे गीत गाती पं ज्ञानेश्वर की पत्नी।''

रितेश ने रिद्धि की बाँह पकड़कर उसे रोका और लगभग चीखते हुए पूछा, ''तुम यह सब कैसे जानती हो?''

रिद्धि ने पैर से सिगरेट बुझाते हुए कहा, ''यह वही कहानी है जो तुम्हें मैं कभी बताना नहीं चाहती थी। मैं पं. ज्ञानेश्वर की बेटी हूँ।''

रितेश रिद्धि को ऐसे देख रहा था जैसे कहानी का कोई चरित्र यकायक किताब के पन्नों से निकलके उसके सामने आ गया हो। वह धीरे-धीरे अविश्वास में सिर हिला रहा था।

तभी रिद्धि ने उसको घूरते हुए कहा, ''और एक सच जानना चाहते हो तो सुनो–आधिक्या देवी मरी नहीं हैं। जिन्होंने हमें उनकी कहानी सुनाई है, वही आधिक्या देवी हैं। इतने सालों बाद मैं वह चेहरा भले ही न पहचान पाऊँ पर उस आवाज को मैं बहुत अच्छे से पहचानती हूँ।''

अबकी रितेश ने जेब से निकालकर सिगरेट सुलगाई और रिद्धि का हाथ पकड़कर सड़क पर आ गया।

और गिलहरियाँ बैठ गईं...

रात बीत गई थी, अँधेरा छँट रहा था, पर तनाव गाढ़ा होता जा रहा था।

वह दो दिन से कुछ बोल नहीं पा रहे थे। कल जब हाथ में हलकी सी हरकत होनी शुरू हुई तो उन्होंने इशारे से पेन माँगा था। हम उनके काँपते हाथ में पेन पकड़ाकर कभी उन्हें, कभी कागज पर बनती रेखाओं को देखते रहे। सबने उन्हें पढ़ने की कोशिश की। वह कुछ देर की कोशिश के बाद पस्त हो गए। पेन खुद ब खुद हाथ से छूट गया। कोई न समझ सका कि उन्होंने क्या लिखा है। तभी बहन खाली बरतन उठाने आई और कागज पर एक उड़ती हुई नजर डालते हुए बोली, ''माँ को देखना चाहते हैं।''

सभी ने एक सवाल की तरह उसे देखा। माँ और बाबा तो सालों से बात नहीं करते। माँ तो उनके सामने भी नहीं पड़तीं। फिर कागज पर जो लिखा था वह माँ का नाम नहीं था। बहन थोड़ा झुककर पलंग के नीचे रखा कप आगे खींचकर उठाते हुए बोली, ''अना लिखा है, माँ को यही कहकर बुलाते थे।''

हम सब विस्मित थे। हमने बाबा को कभी माँ के लिए रखे किसी विशेष नाम से तो क्या, उनके असली नाम से या किसी अन्य संबोधन से भी बुलाते नहीं सुना था। वह बाबा के हर काम के लिए बिना बुलाए ही हाजिर रहती थीं। फिर बहन ने कब और कैसे जान लिया था बाबा का यह राज। मेरा एक पुराना विश्वास और पुख्ता हो गया था कि औरतें एक उम्र में वे ध्वनियाँ भी सुन लेती हैं जो सामान्यतः पुरुष सारी उम्र नहीं सुन पाते। माँ भी ऐसे ही बहुत सी बातें जान लेती थीं।

आज वह भीतर के कमरे में अशक्त पड़ी थीं। तीन दिन से खाना-पीना बंद कर रखा था। पर पुरानी जिद कायम थी, मरते मर जाएँगी पर बाबा के सामने नहीं आएँगी। बहन माँ की देखभाल में लगी थी और उन्हें कुछ खिलाने की लगातार कोशिश कर रही थी। मैं और छोटे, अपने दो चचेरे भाइयों के साथ, बैठक

में बाबा की सेवा में लगे थे।

आज रात से ही मैं किसी अनिष्ट की आशंका से घिरा था। डॉक्टर के देखकर जाने के बाद से ऐसा खयाल किसी और के मन में भी आया होगा, पर हममें से किसी ने आपस में इस बारे में कोई बात नहीं की थी। मौन ही हमारे घर की मुख्य भाषा थी। हम इसके अलग-अलग स्तरों से हालात को समझते थे। हम ज्यादातर बातों को बिना बोले ही समझने की कोशिश करते थे। आज छोटे से बात करने का बहुत मन था पर हमारी इसके लिए कोई तैयारी नहीं थी। इसलिए रह-रहकर हम बाहर की बजाय अपने भीतर लौटे जा रहे थे। मन स्मृतियों के खँडहरों में दौड़ रहा था, कई-कई कोटरों में जाता, कुछ टूटे-बिखरे दृश्य समेटता और वापस बाबा के चेहरे पर लौट आता। शहर का हर वो हिस्सा जहाँ मैं उनके साथ गया था मेरे सामने घूम रहा था। एक समय, मैं परकोटों से घिरे पुराने शहर की दीवारों पर दौड़ते हुए, किले तक जा पहुँचा।

किले के फाटक पर बाबा खड़े थे। वह दूर खड़ी एक इमारत की ओर इशारा करके बता रहे थे, "किले की दीवार से सटी ये जो पुरानी कोतवाली खड़ी है इसके सामने से नीचे उतरती ढलान को टकसाल कहते हैं। राजे-रजवाड़ों के समय में यहीं किसी इमारत में सिक्के बनते थे। इसी ढलान के दोनों ओर पसरी सँकरी गलियों से मिलकर बना है, हमारा शहर। पूरा शहर सालों पुरानी ऊँची-ऊँची दीवारों और बड़े-बड़े फाटकों से घिरा है। हमारा पुराना घर इसी टकसाल वाली ढलान पर था।" ऐसा कहते हुए वह कहीं दूर देखने लगे और फिर जैसे अपने भीतर ही किसी भूलभुलैया में खो गए। उस समय वह खुद भी मुझे किसी पुराने किले की तरह लगे। विराट् पर बिलकुल वीरान, अपने अतीत के साथ बिलकुल अकेले। तभी माँ की कही बात याद आई कि हम किसी बुरे समय में, किले और टकसाल से दूर, शहर के पूर्वी फाटक के पास वाली गली के, कई सालों से बंद रहे आए, इस पुराने ढब के मकान में रहने चले आए थे। पर बाबा का मन जैसे पुराने मकान में ही कहीं छूट गया था।

हमने जब भी बाबा को देखा उचाट मन से कहीं दूर देखते हुए ही पाया। हमारे लिए बाबा हमेशा से एक रहस्य थे, किसी अँधेरी गुफा से भी गहरे। उनके भीतर झाँकते डर लगता था। कुछ पूछो तो लगता कि जवाब नहीं बल्कि सवाल ही गूँजकर वापस आ रहा है। बस उसमें कुछ अँधेरों के मिलने से आवाज थोड़ी भारी हो जाती थी। वे जैसे एक तिलिस्म से घिरे रहते। उससे कभी थोड़ा-बहुत

परदा सरकता तो वह माँ के द्वारा। पर माँ भी जैसे उनके भीतर के अँधेरों से, उसके तिलिस्म से डरती थीं। शायद वह भी उनके व्यक्तित्व के विराट् किले की जद में थीं। पर जब भी माँ हमें उनके बारे में कुछ बतातीं, हम सब बहुत ध्यान से सुनते और हमारे सामने बाबा की जिंदगी का एक छोटा सा हिस्सा चमक उठता। जैसे बाबा को काली पतलून और नीले रंग की सदरी बहुत पसंद थी। वह जब किसी शादी-ब्याह या जलसे में जाते वही पहनते। जैसे सदरी की जेब से माँ को एक रात एक चिट्ठी मिली थी। माँ पढ़ नहीं सकती थीं। पर उसकी लिखाई को देखकर माँ ने अंदाजा लगाया था कि वह किसी स्त्री के हाथ की लिखी है। माँ ने कहा था, "कैसे मोतियों से हर्फ हैं, खुशखत, चमकीले।" ऐसा कहते हुए वे उदास हो गई थीं। माँ के अनपढ़ होने ने हमारे चारों ओर के रहस्य को और गहरा कर दिया था। गर वह पढ़ी-लिखी होतीं तो बाबा, घर, परिवार और दुनिया के बारे में कुछ और जान पातीं और फिर कभी किसी दोपहरी में बाबा के दफ्तर जाने के बाद आँगन में उतर आई धूप में बैठी मेरे सिर में तेल ठोकते हुए मुझे बतातीं। शायद उस बताए हुए को जोड़कर हमारी स्मृति में कुछ स्पष्ट चित्र बन पाते। पर माँ पढ़ी-लिखी नहीं थीं और महीनों घर से बाहर नहीं निकलती थीं।

बाबा से जुड़ा एक किस्सा वे अकसर सुनाती थीं। हर बार वे उसमें कुछ नया जोड़ देतीं। हमें लगता, जैसे-जैसे हम बड़े हो रहे हैं, उनकी बातें कुछ विस्तार पाती जा रही हैं। बाबा के बचपन की यह घटना शायद उन्होंने बाबा की माँ, हमारी दादी से सुनी थी। अब दादी की बहुत धुँधली-सी छवि हम सभी के बीच रह गई थी। उनके बारे में माँ की बताई दो-एक बातें आज भी याद हैं, जैसे उन्होंने अंग्रेजों का राज देखा था, राजपाट छिन जाने के बाद राजे-रजवाड़ों के पास बची रह गई शानोशौकत और उसमें छिपी खिसियाहट देखी थी।

अब दादी नहीं थीं। पर उनका सुनाया वह किस्सा माँ के मार्फत हमारे साथ रहा आया था। उन्होंने बताया था कि बचपन में एक बार बाबा घर से झोला लेकर लकड़ी का कोयला, जो उन दिनों छोटी अँगीठी में चाय बनाने के लिए इस्तेमाल होता था, लेने के लिए निकले तो सारा दिन घर नहीं लौटे। एक ताँगेवाला जो पुराने शहर से रेलवे फाटक तक सवारियाँ ढोता था, ने बाबा के बचपन का नाम लेते हुए बताया था कि उसने गोपाल को स्टेशन के पास देखा था। उस दिन बाबा अँधेरा होने के बाद घर लौटे थे। वह उस मदारी के खेल के सम्मोहन में बँधे, उसके पीछे-पीछे शहर भर में घूमते हुए, नौ नंबर रेलवे फाटक तक जा पहुँचे थे।

उन दिनों वहाँ पहुँचकर शहर खत्म हो जाता था। उस मदारी के पास एक भालू और कई जड़ी-बूटियाँ थीं। दादी ने माँ को बताया था कि उस मदारी ने उस रोज बाबा पर जादू कर दिया था। उसके बाद से वे देर रात तक तारे देखते रहते थे। वे इशारे से गिलहरी, खरगोश आदि को दो पैरों पर खड़ा कर सकते थे। जब तक वह न चाहें जानवर अपने चारों पैर एक साथ जमीन पर नहीं टेक सकता था। सचमुच उन पर जादू हुआ था या उन्होंने जादू सीख लिया था, यह बात हमेशा संदेह के घेरे में रही। इस बात को दादी ही साफ कर सकती थीं पर अब वे नहीं थीं। वे हम भाई-बहनों के जन्म के कुछ साल बाद मर गई थीं। बस उनका पनडब्बा, गुटान और गोटा लगा पंखा अब तक हमारे साथ, इस किस्से की ही तरह बिना किसी खास अहमियत के रहा आता था।

हमारे लिए इस किस्से से जुड़ी बस एक ही बात महत्त्व की थी कि हमें लगता था कि बाबा सच में जादू जानते हैं और वह जादू उन्होंने किसी खरगोश या गिलहरी पर नहीं, माँ पर कर दिया है। इसीलिए माँ सुबह से शाम तक हमेशा, डेढ़ टाँग से, इधर से उधर भागती रहती हैं। उन्हें दिन में किसी ने पीठ जमीन पर टिकाते नहीं देखा था। उन्हें किसी ने बाबा के इशारे के बगैर बैठते, सुस्ताते भी नहीं देखा था।

...पर कभी-कभी हमें यह भी लगता था कि बाबा पर जादू हुआ है और वह जादू किसी मदारी का नहीं बल्कि ताई का है जो ताऊ के चले जाने के बाद हमारे साथ ही रहने लगी थीं। यह उस समय की बात है जब हम भाई-बहनों का स्कूल में दाखिला नहीं हुआ था और एक मास्टरसाब हमें घर पर ही पढ़ाते थे। वह सर्दियों में सुबह और गर्मियों में शाम के वक्त आया करते थे। वह गर्मियों की एक शाम थी जिसमें मास्टरसाब हमें पढ़ाकर गए ही थे कि आँगन में लगे केलों के पेड़ों पर पानी छिड़ककर, हम अलग-अलग चारपाइयों पर बैठे मास्टरसाब का दिया पाठ याद कर रहे थे, तभी ताई एक बड़ा ट्रंक और मिलिट्री की वरदी के रंग का एक थैला लेकर हमारे घर आई थीं। उन्हें घर की पहली मंजिल पर बना वह कमरा दे दिया गया था जो उससे पहले बाबा के पढ़ने के लिए ही खुलता था। हम कभी अकेले उस कमरे में नहीं जाते थे। हमें वहाँ जाते डर लगता था। ताई उसी में रहने लगीं, उन्हें उसमें डर नहीं लगता था, पर ताई के उस कमरे में रहने से हम ताई से भी डरने लगे थे। उनकी बड़ी-बड़ी गोल आँखें थीं। वे बहुत गोरी थीं। माँ से भी ज्यादा। उनके गालों की हड्डियाँ उठी हुई थीं। हम दिन में

उन्हें तब ही देख पाते थे जब मास्टर हमें पढ़ा रहे होते थे और वे चाय बनाकर उनको दे जाया करती थीं। बाकी समय वह अपने कमरे में ही रहती थीं।

गर्मियों की रातों में हम आँगन में एक कतार में बिछी चारपाइयों पर सोया करते थे। चाँदनी रात में ताई का कमरा आसमान में रुके हुए जहाज-सा लगता था। मुझे लगता चाँदनी में डूबा कमरा धीरे-धीरे हिल रहा है। उस समय सब सो रहे होते पर मैं सोने का नाटक करते हुए, आँखें मीचे जागता रहता था। कौन जाने उस समय और भी कोई जागते हुए सोया रहता हो। पर मैं साँस साधे, आँखें मूँदे पड़ा रहता था और वह कमरा धीरे-धीरे मेरे भीतर काँपता रहता था। वह हिलते-हिलते गिर तो नहीं जाएगा, यह देखने के लिए मैं बीच-बीच में आँखें खोलकर उसे देख लेता। देर रात वह और सफेद और चमकदार लगने लगता था। ऐसे में मैं अपने आसपास पड़ी चारपाइयों को ध्यान से देखता। उन पर सोए हुओं की साँसों को ध्यान से सुनता। उठते-गिरते सीनों को ताकता। सोचता इनमें कौन होगा जो मेरे जैसा सोने का बहाना करके जागता होगा। और मेरे सो जाने पर मेरी भी साँसें इसी तरह गिनता होगा। मेरे दाहिने सुभु, मुझसे तीन साल छोटा मेरा मझला भाई सोया रहता। वह कई बार आधी रात में बिना आँखें खोले ही उठता और मेरे पास आकर सो जाता। वह आधी रात में चाँदनी में जीवित हो उठे कमरे से डरकर ऐसा करता या नींद में उठकर आ जाता, मैं कभी नहीं जान पाता। वह अकसर बीमार रहता था और बाद में नौ साल की उम्र में पीलिया से पीला पड़कर मर गया था। कई दिनों तक उसकी उस चारपाई पर कोई नहीं सोया था। माँ ने उसे कई बार धोकर सुखाया था। उसकी बीमारी के दिनों में माँ जब उसे मेरे पास सोया हुआ पातीं तो रोते हुए उसे उठातीं और अलग चारपाई पर लिटा देतीं। वह सुबह देर तक सोया रहता था। वह उसे अपने पास नहीं सुला सकती थीं क्योंकि उनकी चारपाई पर सबसे छोटा भाई विशु, माने छोटे सोता था। बहन सबसे बड़ी थी और वह दिन में लगातार माँ के साथ घर के कामों में लगी रहती थी जिससे रात तक बहुत थक जाती थी, या शायद बहुत थक जाने का नाटक करती थी। वह स्टूल पर रखे पंखे के ठीक सामने लगी सबसे पहली चारपाई पर सोती थी। वह पंखे की तरफ मुँह करके सोती थी और अपने पीछे बिछी चारपाइयों की ओर पलटकर कभी नहीं देखती थी। उसके बाद वाली चारपाई मेरी थी और मेरे बाद सुभु की, और उससे अगली माँ की। माँ के बाद वाली सबसे आखिर की चारपाई बाबा की होती, जिस पर चाँदनी नहीं पड़ती थी। उस पर पड़ने वाली चाँदनी ताई के कमरे से रुक जाती थी।

एक दिन सुभु जब बुखार में तप रहा था, आधी रात को मेरी चारपाई पर आकर मुझसे चिपटकर लेट गया था। पहली बार मैंने उसके सिर पर हाथ रखकर उसके चेहरे को ध्यान से देखा था। वह जाग रहा था। उसकी आँखें खुली हुई थीं। तभी मैंने और शायद हम दोनों ने ताई के कमरे से दो परछाइयाँ उतरते हुए देखी थीं। एक परछाईं दूसरी को मारती-धकेलती नीचे ला रही थी। इतने उद्वेग में भी उनके मुँह से कोई आवाज नहीं निकल रही थी। वे दोनों आँगन में आकर आखिर में बिछी चारपाइयों में समा जातीं उससे पहले हमने उन्हें पहचान लिया था। वे माँ और बाबा ही थे। शायद सुभु की तबीयत लगातार बिगड़ते जाने से माँ बहुत चिंतित हो उठी होंगी और पिताजी को बताने के लिए ऊपर गई होंगी। ऐसा मैंने उस समय सिर्फ अंदाजा लगाया था। सुभु और मैंने फिर से एक-दूसरे को देखा था। वह बेआवाज धीरे-धीरे सिसक रहा था। उसके तीसरे रोज वह नहीं रहा था।

उसके मरने पर ताई बहुत जोर-जोर से रोई थीं। पर माँ ने इसे इतने सहज ढंग से लिया था कि हम सभी भाई-बहन बहुत डर गए थे। यह सोचकर कि आगे किसी दिन हममें से कोई मरेगा और माँ बिलकुल नहीं रोएँगी, हमारी रुलाई छूट जाती थी।

जब हम सब स्कूल जाने लगे थे, अचानक एक दिन बाबा ने मिल जाना बंद कर दिया था। हमें बाद में पता चला था कि मिल में लंबी चली हड़ताल के बाद ताला पड़ गया था। उसी समय एक दिन जब हम स्कूल से लौटे तो ताई ने गुनिया बुलाया था। गुनिया जो खोई चीजों की जानकारी देता है। जो किसिम-किसिम के टोटके कर यह बताता है कि खोई चीज किसने चुराई है और छिपाकर कहाँ रखी है। गुनिया एक बड़े साबुत नारियल पर माँ के दोनों घुटने टिकवाकर यह जानने की कोशिश कर रहा था कि ताई की खोई हुई कीमती चीज कहीं माँ ने तो नहीं चुराई है। गुनिया किस निर्णय पर पहुँचा हमें लाख पूछने पर भी नहीं बताया गया था। जब गुनिया परीक्षा ले रहा था तब बाबा आसमान की ओर ऐसे देख रहे थे, मानो दिन की रोशनी में कोई खोया हुआ तारा ढूँढ़ रहे हों। उसके कुछ दिन बाद हमें पता चला था कि ताई की खोई हुई चीज नहीं मिली थी पर उसके एवज में बाबा ने माँ की कोई उतनी ही कीमती चीज ताई को दिलवा दी थी। उसके कुछ दिन बाद ताई अपना ट्रंक और दो-तीन पोटलियाँ लेकर एक दिन दोपहर में ही जब बाबा मिल खुलने की पड़ताल करने के लिए गए हुए थे, ताँगा मँगाकर चली गई थीं। उनके जाने के बाद हमें बाबा को देखकर लगने लगा

था कि वह अपना जादू भूल गए हैं, या उन पर किए गए जादू का असर छँटने लगा है।

ताई के जाने के बाद, एक दिन मैंने बहन को छोटे से कहते हुए सुना था कि ताई की माँ ने अपना सारा सोना तीरथ जाने से पहले ताई के पास रख छोड़ा था। जब वह तीरथ से लौटीं तो चाहती थीं कि ताई उसमें से कुछ सोना उन्हें लौटा दें जिसे बेचकर वह कुछ रकम मरने से पहले अपनी सेवा में लगे कुछ लोगों को दे सकें, पर इस बाबत उनकी कई चिट्ठियाँ आने पर भी ताई अपनी माँ के पास उनका सामान लेकर नहीं गई थीं। वह चाहती थी कि हमारी माँ उनका वह सामान जो उनके पास उनकी माँ की धरोहर है, अपने सोने से बदल लें जिसके लिए माँ ने मना कर दिया था। उसी के बाद एक दिन उन्होंने माँ को गुनिया के सामने लाकर खड़ा कर दिया था।

नहीं पता बहन की बात सच थी या झूठ पर तभी से एक ही घर में रहते हुए भी माँ और बाबा के बीच संवाद समाप्त हो गया था। और वह अबोला, तब से लेकर आज तक कायम था। माँ बाबा की हर जरूरत को समझती थीं और उनके माँगने से पहले ही बहन से उनके पास भेज देती थीं। हम बड़े हो रहे थे पर अभी भी बाबा को ठीक से समझ नहीं पाते थे पर बहन बहुत जल्दी माँ को समझने लगी थी। बल्कि वह धीरे-धीरे माँ की तरह होती जा रही थी। अभी मेरा कॉलेज का आखिरी साल पूरा होने में तीन महीने बाकी थे, छोटे ग्यारहवीं में था और बहन पढ़ाई छोड़ चुकी थी कि अनायास बाबा बहुत बीमार पड़ गए थे। उन्हें गरमी की एक चाँदनी रात में लकवा मार गया था। वह अपना दायाँ हाथ और पाँव नहीं उठा पा रहे थे। उनकी जुबान भी साथ नहीं दे रही थी। यूँ तो एक लंबे समय से हम सभी एक अनजान बीमारी से पीड़ित थे जो हमें लगातार उदास बनाए रखती थी और हमारे घर को मोहल्ले के बाकी के घरों से अलग और रहस्यमय बनाती थी। पर बाबा की इस बीमारी से ये रहस्य और उदासी और भी गहरा गए थे।

बाहर से हम सब सामान्य दिखने की लगातार एक असहज-सी कोशिश किया करते थे। पर भीतर ही भीतर हम सभी जानते थे कि एक अघोषित युद्ध घर की हवा में कई साल से टँगा है। लगता था कोई मिसाइल दीवार में आकर फँस गई है जो हलके से कंपन से भी फट सकती है। इसलिए हम तीनों भाई-बहन कभी एक-दूसरे की बात का विरोध नहीं करते थे। विरोध से कंपन पैदा

होने का डर था जिससे दीवार में फँसी वह मिसाइल फट सकती थी और वह सब कुछ जिसे हम घर समझते थे, एक झटके में उड़ सकता था। अब बाबा के अचानक इस तरह बीमार हो जाने से उस युद्ध के बिना किसी निर्णय के समाप्त होने की संभावनाएँ बन रही थीं। कोई गाँठ थी जो बिना खुले ही घुल जाने वाली थी। इस बात का अफसोस बाबा की आँखों से धीरे-धीरे झर रहा था। पर उनमें अभी कुछ ऐसा था जिससे उम्मीद बँधी हुई थी और वही शायद बाबा के प्राणों को भी हिलगाए हुए था।

आज सुबह से उनकी साँस और तेज चलने लगी थी। आँखें रह-रहकर खुलतीं, फिर बंद हो जातीं। हम सब चाहते थे माँ एक बार बाबा के सामने आएँ, एक बार बात हो जाए, पर दो लोगों के बीच बात कैसे फूटती है, हम नहीं जानते थे। पर दिन चढ़ने से पहले बहन बैठक में आकर बोली, "यहाँ बिस्तर के पास एक कुरसी रख दो, माँ बाहर आ रही हैं।" हमने बिना पूछे बाबा की कुरसी उठाकर बिस्तर के पास रख दी। हमने पहले कभी माँ को उस पर बैठते नहीं देखा था।

बीती रात हमने जागते हुए काटी थी और लगातार हमारी आँखें बाबा पर और कान भीतर माँ के गले से फूटने वाली किसी संभावित आवाज पर लगे थे। पर बहन और माँ की बातचीत की कोई आवाज बाहर नहीं आई थी। पर बहन ने माँ को न जाने कैसे बिना कुछ कहे-सुने बाबा के बारे में कुछ बताकर, बाबा के आगे आने के लिए मना लिया था। मैं सोच रहा था, स्त्रियाँ सचमुच कुछ पराध्वनियाँ सुन सकती हैं जिन्हें पुरुष कभी नहीं सुन पाते। तभी भीतर से माँ की हलकी सी कराह के साथ उठने की आवाज आई। वह दीवार के सहारे चलती हुई आईं और बाबा के सामने शायद जीवन में पहली बार कुरसी पर बैठ गईं। करवट लिए लेटे हुए बाबा ने अबकी बार जब आँखें खोलीं तो माँ को देखा। फिर सिर के नीचे दबा हाथ धीरे से निकाला और खोल दिया। उसमें वही कागज था जिसमें बहन के मुताबिक 'अना' लिखा था, माँ का नाम, जिससे वह कभी किसी ऐसे क्षण में माँ को बुलाते थे जो उन्होंने और माँ ने ही देखा था और बड़ी बहन ने कभी माँ के चेहरे पर उसे पढ़ लिया था। माँ पढ़ी-लिखी नहीं थीं। पर उन्होंने कागज हाथ में लेकर पढ़ा। वह लिखावट और उसको लिखते हुए मन में रहा आया भाव पढ़ लेती थीं। इस बार भी वह उसे पढ़ने में सफल रहीं। बाबा ने हाथ वापस खींचा और कान से लगा लिया।

माँ ने आँखें बंद कर लीं।

हमें एक पल को समय काँपता-सा लगा। माँ ने जब आँखें खोलीं तो वे पहले जैसी नहीं थीं। बाबा के होंठ हिले, पर शब्द नहीं निकले। पर हम सबने देखा कि मृत्यु से पहले उस अनाविल क्षण में उनका चेहरा अक्लांत हो उठा। साँसें निर्बाध चलने लगीं और चेहरे पर एक मुस्कान किसी साफ-शफ्फाक धारा पर सुबह की पहली किरण-सी झिलमिलाने लगी।

...फिर सब शांत हो गया। माँ अकंप बैठी रहीं। हमारे भीतर सालों पुराना डर फिर से सिर उठाने लगा। लगा, माँ किसी के भी मरने पर नहीं रोएँगी, बाबा के मरने पर भी नहीं। उन्होंने बाबा का लिखा कागज उठाकर गोद में रख लिया और धीरे-धीरे उनकी आँखों की कोरें भीगने लगीं। हम लोग बाबा को विदा करने की तैयारी करने लगे। बहन माँ को उठाकर भीतर ले गई। वहाँ माँ बहन से लिपटकर खूब रोईं। फिर कुछ देर बाद बहन की गोद में सिर रखकर, पीठ सीधी करके लेट गईं।

हमें लगा कि घर में पसरे जादू का असर छँटने लगा है। सालों से साँस रोके खड़ी दीवारें साँस लेने लगी हैं। हमें बिना बोले ही लगा कि अब हमारे बीच कोई बात फूटेगी। हमने देखा, घर की मुँडेरों पर दौड़ती गिलहरियों ने अपने आगे के पाँव जमीन पर टेक दिए हैं...वे बैठकर सुस्ता रही हैं।

एक गूँगे समय का हुँकारा

(आत्मकथ्य)

बचपन में मेरे लिए कहानी का मतलब था, बुंदेलखंड की लोककथाएँ। उन लोककथाओं को गाकर सुनाया जाता था और उनके गायन से पहले हरबोले हुँकारा भरते थे, आल्हा गाए जाने से पहले भी नगाड़ों और हुँकारों से दिशाएँ गूँज उठती थीं, जैसे राजस्थानी लोककथाएँ भी हेले और हुँकारे से शुरू होती थीं जिसमें हुँकारची कहता—

काणी केरे कागलो, हुँकारो देरे बागलो
काली घोड़ी काका जी री, फूल बछेरी मामा जी री।

अर्थात् कौआ कहानी कह रहा है, चमगादड़ हुँकारा भरता है। कहता है कि काली घोड़ी काका की है और लाडली बछेड़ी मामा जी की है।

...तो साब बातपोश, किस्सागो, कथारची या कथाकार के कहानी कहने में घोड़ी और बछेड़ी तो दूसरों की ही होती है, उसका अपना निजी कुछ भी नहीं होता, जो कुछ थोड़ा-बहुत जीवन वह कहानी से बाहर जी पाता है, वह भी उसका अपना नहीं रह जाता। स्वयं उसे भी पता नहीं चलता कि कब कौन सा अनुभव, किसी चरित्र का दुःख-दर्द बनाकर उसने कहानी में कह दिया है। ...इसलिए मुझे तो यही लगता है कि अपनी कथा कहने वाला तो समय ही होता है, जो किसी कौए-सा बार-बार जीवन की मुँड़ेर पर आ बैठता है और बीते वक्त के किस्से आज से जोड़-जोड़कर सुनाता है। इसलिए मुझे लगता है कि मैं तो वो चमगादड़ भर हूँ, जो कौए की कहानियों पर बस हुँकारा ही भरता है, पर यह हुँकारा बहुत जरूरी है, जिससे अपने समय को समझते हुए, इसकी कहानियाँ सुनते हुए कोई ऊँघने न लगे। वो कहते हैं न कि बात में हुँकारे की और फौज में नगाड़े की बड़ी जरूरत होती है, सो अपने समय की कहानियों के बीच, मैं भी हुँकारा ही भर रहा हूँ और

यह हुँकारा भरते-भरते जो अचानक यह हुँकारची, यह चमगादड़ फड़फड़ाने लगता है, तड़पने और लोटने लगता है तो यह बेचैनी, यह छटपटाहट भी अपने समय की विद्रूपताओं की, विरोधाभासों की और विषमताओं की ही देन है। इन कहानियों का सुर, ताल और लय भी किसी साहित्य-शिल्पी की कहानियों का सुर, ताल और लय नहीं है। इनमें विचारधाराओं का संप्रेषण ढूँढ़ने वालों को भी निराशा ही हाथ लगेगी क्योंकि इऩ कहानियों का सुर, ताल और लय जीवन का सुर, ताल और लय है...और ये उसी की संवाहक भी हैं। इनमें आए सारे विचार जीवन की परिधि में उठकर, उसी में अपना समाधान या विस्तार ढूँढ़ते हैं, इन कहानियों का इस लोक से बाहर, कोई परलोक नहीं है।

फिर भी यहाँ जब मुझे अपने लेखन पर कुछ बातें करनी हैं तो मैं यही कहूँगा कि अपने लेखन पर कुछ भी कहते हुए मुझे फ्रेंज काफ्का की वह पंक्तियाँ याद आती हैं, जिनमें वे कहते हैं–"कभी-कभी सोचता हूँ, शिक्षित होकर मैं एक तरह से घाटे में रहा। दरअसल मैंने अपनी जगह से बाहर निर्जन स्थलों या पर्वतों में शिक्षा नहीं पाई। यह कुछ ऐसी ही बात है जिस पर पश्चात्ताप का एक भी शब्द मैं नहीं कहता। मेरे पिछले अध्यापकों ने यह सब नहीं समझा, पर मैं चाहता हूँ कि यह पढ़ाई कहीं कंदराओं, गुफाओं और निर्जन खँडहरों में हुई होती, जहाँ मेरे दोनों तरफ पत्थर होते। भले ही इस तरह की पढ़ाई में मेरे गुण उभरकर न आते लेकिन प्रकृति की शक्ति से ये गुण बढ़कर लंबे हो जाते।"

यह बात जाने-अनजाने किसी और तरह से तब भी मेरे साथ थी जब मैंने यह पंक्तियाँ नहीं पढ़ी थीं। मैंने लिखने की शुरुआत कहानी से नहीं बल्कि कविता से की थी। अपनी पहली कविता मैंने सन् 1986 में झाँसी में लिखी थी। उस समय सोचा भी नहीं था कि एक दिन कई शहरों से गुजरती हुई जिंदगी उस महानगर में जाकर बस जाएगी, जो देश की राजधानी भी है। जिंदगी यहाँ आकर टिकी तो पर रमी नहीं। कानों में बुंदेली लोकगीत गूँजते रहे। दिलोदिमाग में टेसू राजा, मामुलिया, हरजू, सुआटा, लाला हरदौल, झलकारी कोरिन और लक्ष्मीबाई से जुड़े सच और मिथक लगातार घुमड़ते और बरसते रहे। कनॉट प्लेस में बैठकर भी झाँसी के किले की वो दीवार याद आती रही, जिस पर गर्मियों की सुबह लक्ष्मीबाई पार्क से लौटते समय कुछ देर बैठकर सुस्ता लिया करते थे। बुंदेलखंड की लाल, कँकरीली, भुरभुरी माटी से बनी ऊँची-नीची पहाड़ियों की साँय-साँय मन में भरी थी और उसमें तैरते थे ओरछा, बरुआसागर, पारीछा, माताटीला, सुकवाँ-ढुकवाँ

और पीतांबरा के विस्तृत चित्र और आँखों में छलछलाती थी, पहाड़ी नदी—बेतवा।

झाँसी छूटा तो घर भी पीछे छूट गया। रह गया तो बस घर का सपना। बचपन की शरारतें, दोस्तों के ठहाके धीरे-धीरे गुम होते गए। अस्तित्व की, रोजगार की लड़ाई तेज होती गई। भीतर की खामोशी बाहर के शोर से संतुलन बैठाती रही। इस बीच लिखना नहीं हुआ, पर उसके लिए जमीन तैयार होने लगी थी। इस समय में कुछ छोटे-मोटे लेख लिखे। सन् 1992 से 2002 तक बस ऐसे ही दिल्ली में डूबता-उतराता रहा। कई वृत्तचित्रों के निर्माण में शामिल हुआ। नाटक लिखा, संवाद लिखे, दो ऑडियो एलबमों के लिए गीत लिखे। कुछ मन से लिखा, कुछ बेमन से। इसी बीच पिताजी चल बसे। उनकी मृत्यु के बाद एक खालीपन मन में घर कर गया। उधर जिंदगी के रास्तों पर हवाएँ उलटी ही चलती रहीं। मैं किताबों के भीतर और बाहर भटकता रहा। सच्चाई और कल्पना में संतुलन बैठाता रहा। कहीं सच्चाई जीती तो कहीं कल्पना। साहित्य के इस विराट् समुंदर में उतरते हुए डर भी लगा क्योंकि मेरी किश्ती में पहले से ही कई छेद थे, पर किनारे पर बैठकर भी कोई खास चैन नहीं था, सो चल ही पड़ा। लगा, इससे भीतर की बेचैनी थोड़ी कम होगी, पर जब अपने घर, गली, गाँव, नहर और आसपास के ताल-तलैयों को, अपनी माटी की लोककथाओं को मन में लिए इस राह पर चलना शुरू कर रहा था तो नहीं जानता था कि किसी दिन मैं कहानियाँ भी लिखूँगा। पर इन कहानियों की गूँज अकसर अपने भीतर सुना करता था। कई बार लगता था कि मैं जो कहना चाहता हूँ वह कविता से बाहर का विषय है। मेरे भीतर का आक्रोश और अकुलाहट भी, उससे जुड़े प्रश्न भी, शायद कहानी जैसी ही किसी विधा को तलाश रहे थे। शायद मेरे कान में पड़ी पहली कहानी वह कनबत्तू थी, जो मैंने अपने ननिहाल (तालबेहट) में खेतों की मुँड़ेर पर खेलते हुए, खेतों में काम करते एक बटिया मजदूर की बेटी हनियाँ से सुनी थी।

उसने कहा था, ‘‘जब तुम दिन भर खेलकर साँझ ढले अपने पक्के मकान में लौट जाते हो, तब इस खेत में आसमान से एक जिन्न उतरता है और उस समय मैं खरारी खाट पर, अपने बापू के साथ लेटी हुई, उसे आसमान से उतरते हुए देखती हूँ। जब मेरा बापू बीमार होता है और देर रात तक जोर-जोर से खाँसता है, तब वह जिन्न जल्दी-जल्दी खेतों में काम करता है। वह गेहूँ की बालियों को छूकर उन्हें बड़ा कर देता है। फिर वह अपनी काली चादर हिलाकर मुझे और मेरे बापू को पंखा झलता है, जिससे बापू की खाँसी शांत हो जाती है और वह सो

जाता है और फिर मैं उस जिन्न की पीठ पर बैठ इन खेतों पर उड़ती हूँ, जो रात को मेरे होते हैं, सिर्फ मेरे, पर सुबह होते ही यह तुम्हारे हो जाते हैं और वह जिन्न गायब हो जाता है और मैं रह जाती हूँ, हनियाँ, कन्नू माते की बिटिया, जो खजूर के पत्तों से पंखा और डलिया बनाती है, तेंदू पत्तों से दोने-पत्तलें बनाती है, जिसे छू लेने भर से तुम अपवित्र हो जाते हो और तुम्हारी नानी तुम पर घड़ों पानी उड़ेलकर तुम्हें स्नान कराती हैं और तुम्हारी नजर उतारती हैं।"

सच, वह जिन्न आज भी मुझे दिखता है और वह कन्नू माते की बिटिया भी।

बचपन से किलों, महलों और परकोटों के शहर में रहकर भी मेरे मन में जो कहानियाँ बस रही थीं, वे इन सबसे अलग किसी भयावह सन्नाटे की अनकही कहानियाँ थीं, जो अपने समय में पूरी नाटकीयता के साथ घटित होने के बाद भी, इतिहास में कहीं दर्ज नहीं हुई थीं। गूँगा इतिहास बार-बार मेरे बचपन के साथी बौरे की तरह कुछ कहना चाहता था। जैसे बौरे जन्म से गूँगा होने के बावजूद मुझे सैकड़ों तरह के इशारे कर, अपनी आँखें विस्मय से तरेरकर सिर्फ ऐं ऐं, ओं ओं, आँ आँ की ध्वनियों के साथ कई कहानियाँ सुनाता था। उसके पास जुबान नहीं थी, बिलकुल वैसे ही जैसे बीते हुए वक्त के पास जुबान नहीं होती, उसे देखने वाला जैसी चाहे वैसी दास्तान उस वक्त से जोड़कर सुना सकता है। पर वह गूँगा दोस्त गजब का किस्सागो था। वह अपने इशारों, हाव-भावों से मुझे कई कहानियाँ सुना दिया करता था। उसकी आँखों में बहुत कुछ कह डालने की अकुलाहट थी। स्कूल से निकाले जाने का गुस्सा था। उसकी माँ की उसके प्रति अप्रदर्शित करुणा थी। उसके बाप की खीज थी और भी जाने क्या-क्या था, जो वह केवल अपनी आँखों को छोटा-बड़ा कर, उनमें आँसू भरकर, अपने नथुनों को फुलाकर मुझे बता दिया करता था।

मेरे पास भी भाषा और शिल्प के खुरदरेपन के बाद भी जो एक चीज है, जो बार-बार मुझे कहानी कहने के लिए मजबूर करती है, वह है उस गूँगे से मिली कहानी कहने की अकुलाहट, जिसे सुनकर कई बोलने वाले कई दिनों तक चुपचाप याद करते हैं।

कहानियाँ जीवन में मिले अनुभवों के स्मृतियों में दर्ज बयान ही तो हैं। पर इन बयानों में अपने समय का पूरा सच लिख पाने के लिए जिस आंतरिक

मजबूती और निर्भीकता की जरूरत है, उसके लिए अपने भीतर और बाहर, मैं रोज एक हारी हुई कोशिश करता हूँ। मेरी कहानियों में वह कोशिश कितनी दिखती है, कह नहीं सकता। शायद आप ही कहीं उस कोशिश को देख सकें।

यूँ तो सच लिखें, न लिखें, कोई उसे पढ़े, न पढ़े। सच हमेशा अपनी जगह, अपनी पूरी दृढ़ता के साथ उपस्थित रहता है। इन कहानियों का सच भी हमेशा किसी न किसी मन में अपनी पूरी ताकत के साथ, अपनी पूरी चमक के साथ उपस्थित रहेगा। इसी भरोसे के साथ...

□□